LA BRISA DEL SEGUNDO PENTECOSTÉS

POR

BERNABÉ NWOYE

(LECCIONES DEL CIELO SOBRE EL ESPÍRITU SANTO Y SU INMINENTE DERRAMAMIENTO SOBRE LA TIERRA, PARA NUESTRA LECTURA, MEDITACIÓN Y ORACIÓN.)

Queenship

PUBLISHING COMPANY
P.O. Box 220 • Goleta, CA 93116
(800) 647-9882 • (805) 692-0043 • Fax: (805) 967-5133
www.queenship.org

Número de la Librería del Congreso #2010927874

ISBN: 978-1-57918-387-5

Impreso en los Estados Unidos de América

Publicado para Los Estados Unidos y América Latina por
El Apostolado de la Preciosa Sangre de Jesucristo
Talleres de: Queenship Publishing
P.O. Box 220, Goleta, CA 93116
Tel. 800-647-9882, Internacional 805-692-0043
Fax: 805-967-5133
www.queenship.org

(Para solicitar este libro, favor contactar a
Queenship Publishing, por teléfono o por
correo electrónico según la información de arriba.)

Dirección en Nigeria:
Apostolate of the Precious Blood of Jesus Christ
Land of Adoration, Rock of Gethsemane
Olo, Ezeagu L.G.A.,
Enugu, Enugu State,
Nigeria

Dirección Postal:
Apostolate of the Precious Blood of Jesus Christ
P. O. Box 121 - Iwollo
Enugu, Enugu State
Nigeria

Director Espiritual de la Devoción para el Mundo:
Most Rev. Bishop Ayo-Maria Atoyebi
Communications Centre – Diocese of Ilorin
Bishop's House Box 686
16 Umar Audi Rd., Tanke Junction
Ilorin, Kwara State
Nigeria

**Secretario de la Junta Directiva
del Consejo de Administración del Apostolado de la Preciosa
Sangre de Jesús – Nigeria:**
Señor Fidel Aloysius-Mary Odum
P.O. Box 6614, Ikeja
Lagos, Nigeria
Teléfono: 234-802-327-6517
Correo Electrónico: aloymaria_best@yahoo.co.uk

iii

ÍNDICE

DEDICATORIA

AL ESPÍRITU SANTO - NUESTRO GUÍA INFALIBLE

Coloquio

"!Oh Espíritu Santo, Divino Huésped del alma! ¡Tú eres el huésped más noble y digno! Con la presteza de Tu bondad y amor por nosotros, acudes a todas las almas que están dispuestas a recibirte. ¿Y quién puede decir los maravillosos efectos que produces cuando eres bienvenido a un alma? Hablas sin ruido de palabras, y Tu sublime silencio puede ser escuchado en todas partes. Siempre inmóvil, mas siempre en movimiento, y en Tu movible inmovilidad, te comunicas con todos. Estás siempre en descanso, mas siempre trabajando, y en Tu descanso realizas las más grandes, dignas y admirables obras. Estás siempre en movimiento, más nunca cambias de lugar. Tú profundizas, fortaleces y lo preservas todo. Tu inmensa y penetrante omnisciencia lo conoce todo, lo entiende todo, y todo lo profundiza. Sin escuchar nada, puedes escuchar hasta las más mínimas palabras dichas en lo más recóndito de nuestros corazones".

"¡Oh Espíritu Santo! Tú permaneces en todas partes, a menos que seas echado, porque Te comunicas a todos, excepto a los pecadores que no quieren levantarse del fango de sus pecados; en ellos no puedes encontrar un lugar para reposar, ni puedes soportar el mal que emana de un corazón que obstinadamente persiste en su maldad. Pero permaneces en las criaturas que por su pureza, se hacen receptivas a Tus dones. Y Tú permaneces en mí por comunicación, acción, sabiduría, poder, liberalidad, benignidad, caridad, amor, pureza; Tú mismo preparas adecuadamente a Tu criatura para recibirte" (Santa María Magdalena de Pazzi).

LA BRISA DEL SEGUNDO PENTECOSTÉS

INTRODUCCIÓN:

Este libro, *La Brisa del Segundo Pentecostés*, está orientado para responder al llamado de Nuestro Señor Jesucristo hacia el reavivamiento del Espíritu de Pentecostés entre sus hijos. "Hoy", dijo Jesús - (tomado del Mensaje de la Preciosa Sangre)- "Vengo a hacer un llamado para la restauración del Espíritu de Pentecostés entre Mi pueblo, a través de esta Santa Devoción a Mi Sangre. Estoy haciendo este llamado para preparar al mundo para el Segundo Pentecostés. Este Segundo Pentecostés es la manifestación del Glorioso Reino que todos ustedes están esperando. El Espíritu conducirá a todos los hombres a hablar el lenguaje del amor, que todos pueden escuchar. Esto será así, porque el fuego del amor se encenderá en los corazones de todos los hombres en ese tiempo. Recuerden que les he dado la Coronilla de Renovación. Estas Rosas de Renovación les ayudarán a apresurar la hora".

"El próximo año, Mis hijos iniciarán la Novena al Espíritu Santo el viernes después de la solemnidad de la Ascensión, para finalizarla el sábado antes de Pentecostés, en varias parroquias y grupos. Les daré el programa completo antes que llegue la hora. Entonces, habrá otro programa nacional... tan grande como la Reparación de Septiembre, porque será un llamado a la renovación. El programa nacional comenzará el viernes y terminará el domingo. Les daré también el programa completo antes que llegue el tiempo".

"Este llamado indica la madurez de esta Devoción, que ayudará a apresurar el Reino Glorioso, y ustedes están esperando por esta manifestación. Lo comenzarán al principio a nivel nacional en este país..."

"Bernabé, no descuides este llamado. Alégrate y haz el trabajo con amor. Yo estoy siempre contigo..."

El 1° de Enero del 2007, el Señor reveló porqué esta devoción al Espíritu Santo se ha vuelto algo urgente: "Bernabé, el mundo ha llegado al punto más oscuro del cual te he estado hablando anteriormente. ¡Mira! Todo lo que te he estado diciendo acerca de esta hora ya está sucediendo. La iniquidad ha llegado a su clímax. La frialdad y la negligencia han llenado los corazones de los hombres. Los hombres han perdido el sentido del pecado. El sentido del razonamiento se ha perdido. La fuerza de voluntad para sobreponerse al mal ha desaparecido. Nadie se atreve a contemplar mi Rostro Agonizante para leer Mi amor. Estoy solo en esta hora, estoy abandonado en este tiempo peligroso".

"Pero en este momento de oscuridad de vuestros días, Yo encenderé el fuego de la victoria. Es decir, el fuego del amor en los corazones de los hombres. Es por esto que los he llamado, para el reavivamiento de la Devoción al Espíritu Santo, y el don de Pentecostés entre Mi pueblo. Que todos los que están viviendo en la oscuridad, esperen en el Cenáculo, con oración y sacrificio. La luz de la vida vendrá sobre ellos. Regocíjate, oh alma, tu salvación está cerca. No te rindas en tu pelea contra el mal. No te desanimes en tu lucha diaria. No retrocedas en el camino hacia la perfección. Continúa luchando, porque tu salvación está próxima. Yo Estoy cerca para ayudarte. **No permitas que los fracasos ni las heridas, sean obstáculos o te desanimen.** Yo estoy aquí para sanarte y fortalecerte. Mírame y fortalécete, porque Yo soy tu salvación".

"Bernabé, todos los hombres experimentarán la luz que estoy colocando sobre el lugar alto, para la paz y la salvación mientras pasan los días. Felices aquellos que vean la luz y vengan a la luz. Ellos no tropezarán en la oscuridad..."

Este libro, *La Brisa del Segundo Pentecostés,* contiene el programa detallado de la Novena al Espíritu Santo, y el Programa de la Santa Espera. El Capítulo I de este libro, habla acerca del Espíritu Santo como el Amor del Padre y del Hijo. El Capítulo II, contiene el Mensaje de la Unión Intima con Dios. El Capítulo III, ilustra lo que sucederá cuando venga el Espíritu Santo. Luego, del Capítulo IV al Capítulo XI, se medita sobre los Dones y Frutos del Espíritu Santo, especialmente la meditación de Alexis Riaud en

L'Action du Saint Esprit don nos ames- "La acción del Espíritu Santo en nuestra alma". Hay oraciones de intercesión al final de cada meditación – los frutos de mi meditación, que siguen el formato del programa, tal como fue dado por el Señor. El último Capítulo XII, es el Mensaje de Júbilo. Este es el júbilo que debemos reclamar por la manifestación del Glorioso Reino de Paz sobre la Tierra.

Humildemente recomiendo este libro como guía para retiros públicos o privados tanto en Pentecostés, como fuera de la temporada de Pentecostés, para reavivar la fe y el santo celo, y también para la plenitud del Espíritu Santo en el alma. Esperamos que esta edición sirva para las necesidades presentes de los miembros de la Preciosa Sangre de Jesucristo y para toda la Iglesia en general. Oramos para que las ediciones subsiguientes continúen sirviendo las necesidades actuales.

Nuestro Señor corona todo esto, prometiendo numerosos favores a todos los que permitan que la Brisa del Segundo Pentecostés los toque. Él dice: "Habrá testimonios, porque Yo haré algo nuevo y grandes cosas... Gozo, Paz, Caridad, Paciencia, Benignidad, Bondad, Generosidad, Mansedumbre, Fidelidad, Modestia, Auto-control y Castidad, florecerán entre Mi pueblo..." ¡Así que vengan! ¡Prueben y vean qué bueno es el Señor!

Bernabé Nwoye

CAPÍTULO I

EL ESPÍRITU SANTO

(Para ser leído el viernes, a las 11:00 a.m., durante la vigilia de los Tres Días de Espera, antes del Domingo de Pentecostés).

En los Hechos de los Apóstoles, cuando Pablo preguntó a los nuevos conversos si habían recibido el Espíritu Santo, un grupo de cristianos de Éfeso replicó: "Ni siquiera habíamos oído hablar del Espíritu Santo".

El Espíritu Santo es el Amor del Padre y Él es el Espíritu del Hijo. Él es el Amor del Padre por el Hijo, y el Amor del Hijo por el Padre. Desde toda la eternidad, el Hijo procede del Padre, y este único Hijo igualmente ama al Padre con un amor infinito e inmutable. Ese mutuo amor del Padre por el Hijo y del Hijo por el Padre, es precisamente: El Espíritu Santo. Esta doctrina fue propuesta por San Agustín, y adoptada por Santo Tomás de Aquino. Aun San Gregorio dijo: "El Espíritu Santo mismo es Amor".

Este Amor es una Persona diferente a nuestro amor humano, el cual es un hecho o declaración que pertenece a una persona. Él es una Persona Divina, como lo son también el Padre y el Hijo. La Persona Divina del Espíritu Santo procede tanto del Padre como del Hijo (Juan 14, 26-27) y es distinguida y distinta del Padre y del Hijo. "Y Yo" dijo Jesucristo, "le rogaré al Padre, y Él les enviará otro Intérprete (Protector, Consolador, Abogado, Convertidor) que permanecerá siempre con ustedes (Juan 14, 16)".

El Espíritu Santo es distinto, pero no está separado del Padre y del Hijo, constituyendo todos Un Dios - ¡que misterio! San Pablo lo llama "el Espíritu de Cristo" (Romanos 8, 9). "El Espíritu de Jesucristo" (Filipenses 1, 19). "El Espíritu del Hijo" (Gálatas 4, 6). El Espíritu Santo es quien condujo a Jesús al desierto (Mateo 4, 1), y es por el Espíritu Santo que Cristo se ofreció a sí mismo como víctima sin mancha a Dios Padre (Hebreos 9, 14).

El Papa Pio XII nos dice en su encíclica maravillosa "El Cuerpo Místico": "Es a ese Espíritu de Cristo, como a un principio invisible que debemos atribuir el hecho de que todas las partes del cuerpo están unidas entre sí y con su noble cabeza, porque Él, el Espíritu Santo, mora enteramente en la cabeza, enteramente en el cuerpo, y enteramente también en cada miembro". Mucho antes que el Papa Pío XII, San Agustín (Serm. 267) había dicho: "Lo que el alma es para el cuerpo del hombre, el Espíritu Santo lo es para el Cuerpo de Jesucristo, que es la Iglesia. El Espíritu Santo hace en la Iglesia lo que el alma hace en los miembros de un cuerpo".

Santo. Tomás dice igualmente: "Es por el Espíritu Santo que somos uno con Cristo". (Comm. sobre Efesios 1, 13). El Espíritu Santo es principalmente nuestro Espíritu, porque la Santa Escritura nos dice que nos ha sido dado. En la tarde del día de Su resurrección, Cristo les dijo a Sus Apóstoles: "Reciban el Espíritu Santo" (Juan 20, 22). Pero este Espíritu se manifestó como un don, no solamente un morador, el día de Pentecostés: "Todos fueron llenos del Espíritu Santo" (Hechos 2, 4).

En el mismo día de Pentecostés, San Pedro dijo: "Conviértanse y háganse bautizar cada uno de ustedes en el nombre de Jesucristo, para que sus pecados sean perdonados. Y Dios les dará el Espíritu Santo; porque la promesa es para ustedes y para sus hijos y para todos los extranjeros a los que el Señor llame" (Hechos 2, 38-39).

Cuando a Pedro y a los Apóstoles se les prohibió predicar en el nombre de Jesús, ellos replicaron sin temor: "Hay que obedecer a Dios antes que a los hombres. El Dios de nuestros padres resucitó a Jesús, a quien ustedes dieron muerte colgándolo de un madero. Dios lo ha puesto en el Cielo a su derecha, haciéndolo Jefe y Salvador para dar a Israel la conversión y el perdón de los pecados. De esto nosotros somos testigos y también es testigo el Espíritu Santo que Dios ha dado a los que obedecen" (Hechos 5, 29-32).

Aun un pagano, Simón el mago, se dio cuenta de que el Espíritu Santo se transmitía a los fieles por la imposición de manos administrada por los Apóstoles. Él quería recibir ese don por medio del soborno (dinero): "Denme a mí también ese poder, de modo que a quien imponga las manos reciba el Espíritu Santo" (Hechos 8, 18-19).

San Pablo dijo a los Romanos: "El Amor de Dios ha sido derramado en nuestros corazones por el Espíritu Santo que se nos ha dado" (Romanos 5, 5). El dijo también: "Si alguien no tuviera el Espíritu de Cristo, no sería de Cristo" (Romanos 8, 9).

"Y nosotros, no hemos recibido el espíritu del mundo, sino el Espíritu que viene de Dios..." (1 Corintios 2, 12). En su segunda carta (2 Corintios 1, 21-22), San Pablo dice a los mismos corintios: "Es Dios el que nos fortalece junto con ustedes para alcanzar a Cristo, y el que nos ha ungido y nos ha marcado interiormente con su propio sello, y nos ha dado el Espíritu Santo en nuestros corazones como un primer pago" (2 Corintios 1, 21-22).

Este primer pago es un sello de propiedad: "Ustedes han sido sellados con el Espíritu Santo prometido, el cual es la garantía de nuestra herencia, mientras esperamos la completa redención de un pueblo que Dios ha adquirido para alabanza de Su gloria" (Efesios 1, 13-14).

Es claro por las Escrituras, de acuerdo al testimonio de Pedro y Pablo, que cada cristiano recibe el Espíritu Santo el día de su Bautismo: "Todos nosotros hemos sido bautizados en un mismo Espíritu, para formar un único cuerpo" (1 Corintios 12, 13).

Demos gracias a Dios por el Don de Su Espíritu en nosotros. Santo Tomás dice con toda razón que la primera cosa que un verdadero amante debe dar, es el regalo de sí mismo. ¡Dios mío! ¿Oh Señor, qué no has hecho por nosotros, dándonos tu Divino Espíritu para que more en nosotros? Oremos con el venerable Francis Mary Paul Libermann C.S.Sp: *"Adorable Espíritu de Jesús, mi Salvador, yo deseo en lo sucesivo escuchar siempre Tu Voz. Divino Espíritu, deseo estar siempre ante Ti como una ligera pluma, para ser llevada por Tu Aliento donde Tu quieras que yo vaya, y concédeme que nunca te ofrezca la menor resistencia. Amén".*

EL ESPÍRITU SANTO Y EL DON

Reflexionemos en este punto sobre los escritos del Padre Alexis Riaud sobre el Don del Espíritu Santo, ya que en este libro haremos uso extensivamente de su obra, cuando hablemos sobre los dones y frutos del Espíritu Santo.

"Nosotros poseemos el Espíritu Santo. Nos ha sido dado. Nos ha sido dado para que a través de Él, podamos llegar a ser santos; a fin de que podamos lograr perfectamente lo que el Padre ha amorosamente concebido para nosotros desde toda la eternidad".

"Sin Él, no podemos hacer nada, absolutamente nada. Con Él podemos hacerlo todo: podemos rápidamente llegar a ser 'santos', 'grandes santos', como la humilde Santa Teresita del Niño Jesús se atrevía a esperar que sucediera, ¿pero cómo podemos hacer uso de ese preciado tesoro?"

"Cuando fuimos bautizados, nos convertimos en hijos del Padre, en Jesús por la gracia vertida en nuestra alma, la cual, al mismo tiempo, fue adornada y enriquecida con un organismo espiritual: las virtudes infusas y los dones del Espíritu Santo. Esto nos permite llevar a cabo actos sobrenaturales, y por lo tanto adquirir pronto el grado de santidad predestinado para nosotros por el Dios Misericordioso desde toda la eternidad".

"Hay una gran diferencia, sin embargo, entre las virtudes infusas y los dones del Espíritu Santo".

"Las virtudes nos dan el poder de actuar de una manera sobrenatural. Esto significa que podemos juzgar las cosas de acuerdo a las luces de la revelación y podemos actuar de acuerdo con estos criterios de fe. Estas virtudes disponen nuestro intelecto y nuestra voluntad para la unión divina; pero por sí mismas no nos dan la facilidad de pensar y actuar en línea con las luces de la fe".

"Es necesario que aquellas disposiciones posean hábitos santos. Estos, lo mismo que cualesquiera otros hábitos, se adquieren solamente por medio de actos intensos y repetidos, con la ayuda de gracias actuales, las cuales Dios no rehúsa a los que se las piden con un corazón que sinceramente desea amarlo y servirlo. A fin de recibir esas gracias actuales, sin las cuales es imposible llevar a cabo el más mínimo acto sobrenatural, los "Dones del Espíritu Santo" son indispensables".

"Los Dones del Espíritu Santo son disposiciones sobrenaturales que hacen a un alma que ha sido elevada a un nivel sobrenatural, capaz de recibir esas inspiraciones divinas e impulsos del Espíritu Santo, a saber, las gracias actuales. Esto es porque necesariamente interviene en cada acto sobrenatural".

"Cuando un alma está totalmente entregada y rendida al Espíritu Santo, estos dones aparecen como instintos sobrenaturales, los cuales eficazmente impulsan al alma a pensar, juzgar y actuar en todas las circunstancias como lo haría Nuestro Señor mismo, o Nuestra Bendita Madre, si ellos estuvieran en nuestro lugar".

"De hecho, una persona que se deja totalmente conducir por el Espíritu Santo, se comporta en cada ocasión, tal como lo harían Jesús y María. Esto es, de una manera divina, y por lo tanto, de una manera santa".

"Lo que tenemos aquí, no es el resultado de una larga reflexión y profundo razonamiento. Algunas personas ni siquiera son capaces de llevar a cabo tales actividades. Tales personas no pueden mencionar, y menos justificar los motivos que los hicieron juzgar y actuar de la manera que lo hicieron. Es como si fuera algo instintivo y completamente natural que dichas personas actuaron, solamente anhelando complacer a Dios".

"Igual que un animal irracional, que sigue sus instintos y actúa siempre y espontáneamente de acuerdo con su naturaleza, y de acuerdo con el Divino Creador que lo diseñó, así, también, el alma que se deja guiar por el Espíritu Santo, actúa siempre y espontáneamente de acuerdo a su nueva naturaleza de hijo de Dios. Es verdaderamente el Hijo de Dios quien actúa en tal alma por Su Divino Espíritu, y tal persona puede decir verdaderamente con San Pablo: "Ya no soy yo quien vive, sino Cristo quien vive en mí" (Gálatas 2, 20).

Tal alma ha alcanzado la cima de la perfección, habiendo llegado a ser como la Cabeza del Cuerpo Místico, es decir, como Nuestro Señor mismo".

"Así tenemos el "divino elevador", del que hablaba Santa Teresita de Jesús, el cual, en nuestra edad contemporánea, ha tomado ventajosamente el lugar de las escaleras de los tiempos antiguos. Allí tenemos el 'caminito' que la Santa de Lisieux nos propone a través de sus palabras y su ejemplo".

"Debemos dar especial atención a cada uno de esos dones. Tratemos solamente de llegar a convencernos de la inmensa ventaja que obtendríamos, si hacemos uso de tan preciosos medios de alcanzar la santidad. Esforcémonos en mover nuestra voluntad para utilizar esos medios sin demora".

"La condición requerida, como nos dice la Escritura, es ser muy pequeños, y hacernos pequeños nuevamente. Si es necesario, como se nos dice en el libro de la Sabiduría: 'Si alguien es muy pequeño, déjenlo venir a Mí'. Y Nuestro Señor insiste: 'Si no se hacen como niños, no entrarán en el Reino de los Cielos', lo cual significa, en el camino que infaliblemente conduce a la perfección, ya en Su Palabra".

"Hacernos tan pequeños como sea posible, significa llegar a ser verdadera y voluntariamente humildes, con una humanidad de la cual Teresita nos ha dado perfecto ejemplo. Significa amar la verdad como ella lo hizo, y regocijarnos al ver nuestra miseria, y regocijarnos también cuando otros nos consideran miserables".

"Bendita el alma que así se humilla. ¡Pero cuán pocos hay que consienten ser vaciados de su orgulloso ego! Y sin embargo nuestro Divino Maestro nos dice: 'El que se humilla a sí mismo como ese niño pequeño, será el más grande en el Reino de los Cielos".

"Espíritu de Amor, Creador y Santificador de las Almas, Tu primera obra en nosotros es transformarnos para parecernos a Jesús. Ayúdame, Espíritu de Amor, a adaptarme al modelo de Jesús, a pensar como Jesús, a amar como Jesús, a comportarme como Jesús".

"Permanece siempre en mí, y por Tu gracia y Tu cooperación, completa en mí los designios de Dios Padre respecto a mi alma. Así como registe la sagrada humanidad de Nuestro Señor durante su permanencia en la Tierra, sé también el Poder que mueva mi vida, el Alma de mi alma".

"Espíritu Santo, Espíritu de amor, yo me consagro a Ti; me entrego enteramente a Ti. Me abandono a Ti, a través de María, Tu templo, a través de María, Tu esposa, a través de María, canal de Tus gracias".

CAPÍTULO II

INTIMIDAD CON DIOS

(Para ser leído el viernes, a las 2:00 p.m., durante la vigilia de Tres Dias de Espera, antes del Domingo de Pentecostés).

Mensajes dados a Bernabé con Lecciones de Jesús, Nuestra Madre Celestial y varios Santos.

"YO MOSTRARÉ A LAS PRECIADAS ALMAS QUE LA LIBERTAD ESTÁ EN MÍ"

LECCIÓN:
"La paz sea contigo y con todos Mis hijos. Les doy la bienvenida a todos a este gran mes de gracia y de paz. Bernabé, grande es Mi Amor y cercanía a ti. Yo soy el Agonizante Jesucristo que te ama".

"En este gran mes de Julio, Yo te voy a llevar cada vez más cerca dentro de la inmensidad de Mi Amor. Hijo, quiero traer a todos los corazones más cerca de Mí. Yo les mostraré a las preciadas almas que la libertad está en la unión íntima Conmigo. Muchas almas encontrarán paz en Mí".

"Bernabé, permanece cerca de Mí, y disfruta esta paz. Que la gracia de estos días permanezca contigo. Yo te bendigo a ti y a todos los que están esperando este gran mes, en el Nombre del Padre, y del Hijo, y del Espíritu Santo. Amén".
Este mensaje fue dado el 1° de Julio, 2006.

"MIENTRAS PERMANEZCAS EN GRACIA SANTIFICANTE, YO ESTOY VIVIENDO EN TI"

LECCIÓN:
"Hijo Mío, mientras permanezcas en gracia santificante, Yo estoy viviendo en ti. Yo estoy en el santuario de tu alma. Tu cuerpo es Mi Templo. Hijo, Yo estoy unido a ti".

"Hijo, tu falta de conocimiento sobre esta unión sobrenatural, me desconcierta mucho. El desconcierto que me causas, se puede comparar con un rey que visitó a su pueblo y fue totalmente ignorado. Nadie reconoció su presencia. Yo soy el despreciado y abandonado Rey de tu alma. Hijo, Yo soy el Señor de tu alma. Muchos Me tratan como a un tonto. Mira cómo cierran la puerta de Mi Templo a Mis espaldas. Aquellos que me abrieron la puerta no me recibieron con amor. Sólo Me permitieron entrar, y luego Me abandonaron".

"Hijo, Yo quiero que tengas una relación cordial y personal Conmigo. Deseo una unión íntima contigo. Esta unión te traerá paz celestial y alegría. Tu alma encontrará su descanso en Mí".

"Bernabé, desde mañana, Te enviaré a Mis santos, para que te enseñen poco a poco a lograr la mayor de las metas de la vida. Recuerda que Yo soy el Agonizante Jesús que te ama. Hijo, esfuérzate por lograr una unión más cercana Conmigo. Así que te bendigo, en el Nombre del Padre, y del Hijo, y del Espíritu Santo. Amén".
Este mensaje fue dado el 2 de julio de 2006.

"QUITEN TODOS LOS ÍDOLOS DE SUS ALMAS"

LECCIÓN:
"Cuán felices son las almas que están en unión con Dios; ellas son los seres más felices sobre la Tierra. La Sabiduría les ha mostrado el camino de la paz. Dios es su satisfacción. Pero cuán inquietas están aquellas almas cuya voluntad se opone a la Voluntad de Dios. Estarán en continua batalla con su Dios. Ciertamente la

Voluntad de Dios debe cumplirse. Así que la derrota es de ellas. Yo soy su amigo Bernardo".

"Queridos amigos de Dios, Jesús me ha enviado para decirles que **Quiten Todos Los Ídolos En sus Almas.** Este es el primer y más importante paso hacia el camino de la santa unión".

"Amigos, los ídolos son esas cosas que mantienen al alma cautiva por encima de Dios. Estos ídolos pueden ser el dinero, la belleza, el placer, uno mismo, su esposa, su esposo, sus amigos y muchas más cosas seductoras. Un esclavo de estas cosas es un idólatra. Un idólatra es un pagano. El templo de Dios no es un templo pagano. Dios nunca mora en el santuario de los paganos. Así, mis queridos amigos, un idólatra está vacío de Dios".

"En ésta jornada hacia la **unión íntima con Dios,** todos los ídolos en el alma del hombre deben ser destruidos. La selva del mal debe ser despejada. Todos los tronos de Satanás en el alma del hombre deben ser derribados y removidos. Amigos, ésto debe ser hecho antes de que el Rey de la Gloria, venga a morar en ella".

"Amigo, tú puedes hacer ésto si lo deseas firmemente. Dios sostiene con Su gracia a toda persona que fervientemente desea hacer el bien. Si tú realmente deseas la santa unión con Dios, quiero decir, la felicidad más grande que un alma puede soñar, haz lo que te digo. Te lo repito, quita todos los ídolos de tu propia alma, y muévete hacia Dios. Encontrarás paz en Él. Los dejo para que Jesús les bendiga. Adiós".

CRISTO:
"No tendrás otros dioses fuera de Mí. Aquel que adora otros dioses, nunca encontrará descanso en Mí. El nunca vive en Mí, ni Yo en él. Su alma es un desierto de reptiles salvajes y serpientes. El camino de la paz está lejos de él. Hijos, destruyan todos los ídolos y templos del paganismo en ustedes. Vengan y tengan paz en Mí. Yo soy el Agonizante Jesucristo que los ama. Al venir, reciban Mi bendición: Yo les bendigo en el Nombre del Padre, y del Hijo, y del Espíritu Santo. Amén".
Este mensaje fue dado el 3 de julio de 2006.

"ABRAN EL VIEJO PORTÓN"

LECCIÓN:
"¡Levántense! ¡Oh durmientes en la casa de Dios! ¡Alcen sus cabezas! ¡Oh nación durmiente!, ¡Despiértense! Oh seres muertos, el Señor su Dios viene a ustedes. El es el Señor de los Señores, el Príncipe de la paz. Yo soy su amigo y hermano, Francisco, el hombre de Asís. Amigos, vengo a pedirles que den un segundo paso hacia la santa unión con Dios. ¿Cuál es éste paso? Jesús les llamó Su templo y Su santuario. Él llama, 'Abran el viejo portón. Viene el Rey. Yo vengo a morar en Mi santuario'. Amigo, el paso es: **Abran de Par en Par el Portón de su Alma para el Señor.** El Señor viene a sanar los y a bendecir los. Él vendrá y morará en sus almas, y ustedes en Él".

"Amigos y hermanos, ¿quién es éste que tiene la llave de su corazón? ¿Cuáles son estas cadenas que atan la puerta de su alma tan fuertemente? ¿Es acaso la muerte? ¿Es acaso la pobreza? ¿Es el amor al mundo? ¿Es el placer y la gloria del mundo? Nada de esto tiene méritos para encerrarlos y mantenerlos cautivos".

"Liberen sus corazones, oh almas. Derrumben la antigua puerta de sus almas. Abran el portón al Señor. Abran el portón, denunciando las cosas de este mundo. Que la aflicción nunca los paralice. Que el placer nunca los seduzca. Que el temor nunca obstaculice su fe. Levántense por sobre su débil naturaleza, y abran el portón para que entre el Señor. Amigos y hermanos, este es el mensaje que tengo para ustedes ahora. Que mi Jesús los bendiga".

CRISTO:
"Yo estoy tocando la puerta de sus corazones. Si alguno me oye, Yo vendré y moraré en él. En el santuario de su propia alma, él encontrará satisfacción y paz en Mí. Yo les grito, ¡oh alma, abre de par en par las puertas y deja que tu Rey venga a ti! Yo les bendigo en el Nombre del Padre, y del Hijo, y del Espíritu Santo. Amén".
Este mensaje fue dado el 4 de julio de 2006.

"ENTRONIZACIÓN DE DIOS EN SU SANTUARIO"

LECCIÓN:
"Escuchen, oh criaturas de Dios; el Señor es Rey. Él gobierna sobre todo el mundo. ¡Qué felices son los que lo reconocen como su Rey, ellos son los privilegiados del mundo. Yo soy su hermana Cecilia. ¡Feliz mes de Julio!"

"Amigos, ustedes son la familia del Rey de Reyes. Ustedes son la bendición de la Tierra. Alégrense oh almas de los justos, porque ustedes son el trono del Rey Eterno. ¡Cuán bendito es el templo en el cual mora el Rey de la Gloria!"

"Amigos, Jesús me envía para darles unas pautas hacia el tercer paso en la jornada de la santa unión. El paso se llama la **'Entronización de Dios en Su Santuario'**. Ahora que los ídolos han sido removidos y destruidos, y Cristo es bienvenido en este santuario, el paso siguiente es la Entronización de Dios. La manera de hacerlo es fácil, y los frutos son muchos. Amigos, es solamente permitir que Jesús domine sobre todas sus preocupaciones, deseos y voluntad. Permitan que Jesús llene los vacíos de su alma. Que Él reciba su atención por más tiempo que ninguna otra cosa. Yo digo, que mi Jesús ocupe el centro de sus corazones en todo tiempo. Jesús es la alegría de sus almas.

"Para conseguir esto, deben esforzarse en dirigir sus mentes y corazones hacia Jesús todo el tiempo. Traigan a Jesús al centro de todas sus acciones. Hablen de Jesús todo el tiempo. Encuéntrense con Él en la oración y hagan de Él su Rey. Amigos, si Jesús no retiene su atención más que cualquier otro afecto que retiene su corazón, Jesús no es todavía el Rey en sus alma"

"Jesús desea todo el tiempo residir en el trono de sus almas, y reinar como Rey. Denle la oportunidad de hacer esto. Su alma descansará. Como Rey, Él dirigirá todos los asuntos de sus vidas. No tendrán necesidad de nada más. Estarán siempre felices. Los dejaré ahora, para que Jesús los bendiga. Qué Jesús reine en sus almas. Adiós".

CRISTO:

"Yo soy la Alegría de tu corazón. Yo soy la Paz de tu alma. El que me hace 'Rey' será también rey. Yo le daré un báculo, para que gobierne sobre el reino de sus facultades. Todas las voces y la pasión de la carne le obedecerán. La sabiduría florecerá sobre él. Él será mis delicias en todo tiempo. Así que les bendigo en el Nombre del Padre, y del Hijo, y del Espíritu Santo. Amén".
Este mensaje fue dado el 5 de Julio, 2006.

LECCIÓN: **"PERMANEZCAN CERCA DE MÍ"**
"Vengan y disfruten de la belleza del Altísimo. Vengan y beban de la copa de la verdad. ¡Vengan! Oh herencia de la Tierra, y vean la bondad del Señor. Yo soy su hermana Gertrudis".

"Amigos del Dios Viviente, ¿cómo están disfrutando las lecciones de este mes? Jesús me envía para acercarlos más a Su Amor. El quiere que den el cuarto paso hacia la Santa Unión con Él. El paso es: **'Más cerca de Dios en el Santuario de tu propia alma'"**.

"Amigos del Dios Viviente, La Santísima Trinidad se interesa por ustedes más que cualquier amigo sobre la tierra podría interesarse. El amor de su Dios, cuida siempre de ustedes. El tener consciencia de éste amor determina la cercanía. Si Dios los consuela, no habrá ninguna amargura en su camino. Pero si Él retira Su consolación, ningún amigo del mundo se las podrá dar. Vuélvanse a Él que es la fuente de la felicidad y del consuelo. Él saciará la sed de ustedes. Amigos, ustedes harán ésto con su continuo esfuerzo por encontrarse con Él a menudo en la oración. Recen siempre y en todas partes, dirigiendo su atención hacia Él con frecuencia. Aprendan a evitar la distracción en la oración. Traten siempre de permanecer calmados en la presencia de Dios. Yo digo, estén quietos y sepan que Él es el Señor de los Señores".

En la presencia de Dios, hay paz, gozo y satisfacción. Acérquense más, y disfruten esta gracia. Yo ruego para que vean y vengan. Que Jesús los bendiga y les ayude. Adiós".

CRISTO:

"Vengan a Mí, hijos Míos, y Yo vendré a ustedes. Yo soy la Fuente de la Vida. En Mí, su alma encontrarán paz. Vengan más cerca y reciban Mi bendición: Yo los bendigo en el Nombre del Padre, y del Hijo, y del Espíritu Santo. Amén".
Este mensaje fue dado el 6 de julio de 2006.

"LA INTIMIDAD CON DIOS"

LECCIÓN:

"Cuán afortunados son aquellos que están en unión con Dios, sus días son bendecidos. Cuán bendecidos son aquellos corazones que han sido sanados de los afectos mundanos, y que ahora encuentran su intimidad en Dios. Ustedes son las personas libres y felices sobre la Tierra. Vengan, oh preciadas criaturas de Dios, y prueben la dulzura de su Dios. Pruébenlo y sepan si hay algo en la tierra tan dulce como mi Jesús, nuestro Dios. Yo he probado, y he encontrado que nada es más dulce que Jesús. Jesús, eres tán dulce. Yo soy su hermana Ágata. Jesús me envía para llevarlos al quinto paso hacia la Santa Unión, y éste es **"La Intimidad con Dios"**.

"Amigos de Dios, después de haberse acercado más a Dios, el siguiente paso es la unión íntima con Él. Ésta es la unión absoluta entre ustedes y su Dios. En ésta etapa, no hay brecha entre ustedes y su Dios. El afecto de Jesús los ha cautivado y ha puesto una marca, un corte profundo en sus corazones. Un alma en ésta etapa, no piensa en nada más que en su Jesús. De hecho, Jesús es el centro y alma de cada latido de su corazón. Sólo en Jesús encuentra descanso".

"Amigos del Dios viviente, ¿por qué encuentran difícil disfrutar ésta paz en Dios? Ésto puede deberse a una falsa idea o comprensión. Sepan ésta verdad, que nadie se interesa en ustedes como lo hace Cristo Jesús; Él los comprende más que ningún otro pudiera comprenderlos. De hecho, Su amor por ustedes es infinito, comparado con cualquier otra persona que los ame. Él vigila cada paso de ustedes con admiración amorosa. Ningún amigo humano sería capaz de amarlos y darles una perfecta amistad como mi Jesús. ¿Por qué entonces lo tratan como a un extraño en Su propia casa? ¿Por qué le niegan el amor y la amistad que merece? ¿Por qué encuentran que es más fácil conversar con seres humanos que con Jesús? Vuélvanse a Aquél que tanto los ama y ofrézcanle todo el amor de su alma".

"Amigos del Dios viviente, deben hacer esto, haciendo de Jesús su más alto objetivo cada momento del día. Deben buscarlo a menudo en el aposento interior de su alma, contemplar Su Rostro y Su amor. Enjugar este Rostro manchado con Sangre por sus pecados, y consolarlo con un beso sincero y amoroso. Amigos, conversen con Jesús de manera amistosa; escuchen y obedezcan Sus palabras con amor. Este es el camino del quinto paso hacia **la santa intimidad con Jesucristo.** Mis hermanos tendrán mucho para ustedes en los días venideros. Yo ruego para que ustedes aprendan y crezcan. Los dejo, que Jesús los bendiga. Adiós".

CRISTO:
"En verdad, estoy muy interesado en ustedes. Los amo entrañablemente. Tengan confianza en Mi Amor, y amen. Solamente en Mí encontrarán paz. Así, los bendigo en el Nombre del Padre, y del Hijo, y del Espíritu Santo. Amén".
Este mensaje fue dado el 7 de julio de 2006.

"LA AMISTAD CON DIOS EN LA ORACIÓN"

LECCIÓN:
"Cuán bendecidos son los corazones que encuentran paz en el seno de Dios, nunca les faltará la sabiduría y el cuidado amoroso de Dios. ¡Vengan todos los que buscan el Rostro del Señor! Encontrarlo a Él, es encontrar la paz. Soy su hermano y Apóstol Judas. Vengo a enseñarles el sexto paso hacia la Santa Unión con Dios; esto es: '**La Amistad Con Dios En La Oración.**'

"La oración es una relación amorosa entre el alma y Dios. Es el descanso del alma en el seno de Dios. En el nivel de la unión íntima, el alma encuentra paz con Dios en la oración. No hay conflicto entre el santo querer del hombre, y la Santa Voluntad de Dios. De hecho, la voluntad del hombre está en conformidad con la Voluntad de Dios. El diálogo interior del alma con Dios, satisface las necesidades del alma. En esta etapa, la amistad con Dios es más fuerte".

"Amigos, ustedes pueden lograr este nivel a través de su total entrega a Dios en la oración. Ustedes no rezarán como paganos. Sigan el camino de **La Paz de Oro** que se les ha enseñado. Amen el silencio, y eviten toda forma de distracción en la vida. Traten de permanecer en paz con Dios a través de la santidad de vida. Muchas veces durante el día, traten de contemplar al Señor con los ojos del hombre interior. Es decir, contémplenlo con amor, y siéntanse atraídos por Su amor. No hay nada que compense más que este acto de amor. Amigos, este es el camino de la paz. La hora de oración es su momento más provechoso en la vida. Traten de hacer todos los días un momento de oración. De esta manera, encontrarán paz y alegría en la Tierra. Ruego para que venzan con oración y amor. Que Jesús los bendiga mientras los dejo. Adiós".

CRISTO:
"Ustedes son mis amigos porque les he dado todo lo que He recibido del Padre. Dialoguen Conmigo en oración. Encontrarán paz. Así que los bendigo en el Nombre del Padre, y del Hijo, y del Espíritu Santo. Amén".
Este mensaje fue dado el 8 de julio de 2006.

"DEVOCIÓN A DIOS EN EL SANTUARIO DE SU ALMA"

LECCIÓN:
"Benditas son las almas que buscan encontrar descanso en Dios. Oh, cuán precioso es ser amigo de Dios. Acérquense más hijos Míos, y escuchen Mis palabras amorosas para ustedes. Yo soy la Reina de todos los corazones. Yo soy la 'Rosa Mística', la Madre del Agonizante Jesucristo".

"En este día, que es el último día de esta novena, Jesús me pidió que los condujera al séptimo paso de la Santa Unión con Dios.

Este es el último paso hacia el camino de la Santa Unión con Dios. Todos los otros mensajes que se les darán, se dirigirán a cómo podrán alcanzar estos pasos que se les enseñaron. El paso es: **La 'Devoción a Dios en el Santuario de su alma'''**.

"Hijos, ¿qué les diré sobre éste paso? Permítanme recordarles que su alma es un pequeño cielo, y que su corazón es el tabernáculo de Dios. Así como Dios vive en el Cielo, así vive en los corazones de los justos. Así como Jesús mora en los tabernáculos de la Iglesia, Él mora en el santuario de sus propias almas. Si están en estado de gracia santificante, hijos, no existe diferencia entre el Dios en el Cielo y Aquél que mora en los corazones puros. Sepan desde hoy, que ustedes son seres preciosos a los cuales los ángeles se detienen a admirar. Ésta es una de las razones por las cuales Dios les da Su ángel para que los guíe, ya que ustedes son Su templo".

¿Saben ustedes qué sucede cuando lo reciben en la Sagrada Comunión? Los ángeles que asisten a la Misa y su Ángel Guardián los siguen hasta su asiento y se postran adorando al Rey de la Gloria que ha entrado en su alma".

"Hijos, sonrían y sean felices; ustedes son portadores de Dios. El conocimiento de este gran favor hecho al hombre hará que cada hombre esté alerta y entregado a Dios. Vengo a recordarles esto, a fin de motivarlos a acoger esta hermosa devoción: **La devoción a Jesús en el santuario de su propia alma.** Este es el más alto objetivo, el cual todo corazón anhela, y se esfuerza por lograr, a pesar de su debilidad humana. Hijos, nada satisfará la sed de su alma, más que Jesús. Denle dinero a esta alma, y seguirá muerta de hambre. Denle comida y entretenimiento y todavía la seguirán matando de hambre. Denle sensualidad y placeres, y se morirá de inanición. Sólo Jesús puede satisfacer el hambre de cada corazón. Sus almas no encontrarán descanso en ningún lado hasta que descanse en el Señor su Dios".

"Vuélvanse a Jesús en el santuario de su alma. Hijos, les digo, visítenlo. Miren, Él está solitario en sus almas, mientras que ustedes están ocupados con las cosas materiales y pasajeras de éste mundo. Les ruego que se detengan y piensen en Él, que está en ustedes. ¿Por qué lo tratan como si fuera un extraño? ¿Por qué lo abandonan como si fuera un enemigo? ¿Los ha ofendido? Él es su amigo. Él viene del cielo. Él es su Salvador y su Dios. Él es el Rey de sus almas".

"Hijos, sepan esto: 'Si ustedes descuidan éste deber de permanecer con Él en el santuario de sus almas, nadie más lo hará por ustedes'. Es únicamente su responsabilidad. Háganse un plan personal para relacionarse con Aquél que aman. Dos amigos no se relacionan con sus otros amigos de la misma manera. Así, ustedes deben tener una manera personal de relacionarse con Aquél a quién más ama su corazón. Que la oración del Sello los guíe. Me alegraré de ver que todos los corazones responden a éste llamado. Yo ayudaré a todos los que se animen a hacerlo. Hijos, ésto es todo lo que tenía que decirles. El Espíritu Santo completará el resto a su debido tiempo. Todo el que busca encontrará. Ruego a Jesús que los bendiga. ¡Feliz día! Bernabé, sonríe, que tu sonrisa la tendré en Mi corazón".

Entonces yo dije: "Madre, me duele mi incapacidad de amar y de sobreponerme a mis imperfecciones. He rezado por años, y todavía sigo cayendo una y otra vez. Dile a Jesús que **me ayude y me sane"**.

Nuestra Señora dijo: "¿Es por eso que estás deprimido? No te preocupes. Jesús te ayudará. Él te sanará. Pero no prives a Jesús del gran honor y consuelo que Él recibe cuando te das cuenta de tu falta y resuelves evitarla por medio de la adoración. No pierdas la esperanza. Lucha y aumenta tu devoción a Él. Él permite esta espina, para preservarte del orgullo. Aférrate a Él a pesar de tus fallas. Cuando Él vea que estás suficientemente humillado para salvarte, y viendo el celo ardiente de amor en ti, Él te ayudará y te salvará, Bernabé. ¿Estás feliz ahora?

Yo respondí: "Sí Madre, pero ¿por qué Jesús prefiere herir con espinas los corazones que lo aman?" Ella respondió: "Él utiliza la punta de las espinas para imprimir la marca del amor verdadero en esos corazones. ¿Estás contento ahora, Bernabé?

Yo contesté: "Sí, lo estoy." Ella dijo: "¿Puedes sonreír ahora?" Yo sonreí y dije: "Puedo, Madre". Entonces Ella dijo: "Permanece en la paz del Cielo. Adiós".

CRISTO:

"Yo estoy solitario en el santuario de vuestras almas. Ustedes están ocupados con el mundo. No les importa Mi Presencia en ustedes. Vuélvanse a Mí, y yo Me volveré a ustedes. Yo los bendigo en el Nombre del Padre, y del Hijo, y del Espíritu Santo. Amén".
Este mensaje fue dado el 9 de Julio de 2006.

"HAGAN DE ESTE LLAMADO UNA REALIDAD A TRAVÉS DE SU DEVOCIÓN A LA SAGRADA EUCARISTÍA"

LECCIÓN:
"La paz del Cielo esté con ustedes. Yo soy la Reina del Cielo, la Madre del Agonizante Jesucristo. Vengo a pedirles que hagan del llamado a esta Santa Unión con Dios, una realidad a través de la Eucaristía. En la Eucaristía, Mi Hijo viene en Persona y habita en ustedes. Recuerden Sus palabras para ustedes: 'Tomad y comed, esto es Mi Cuerpo. Tomad y bebed, esta es Mi Sangre...' Verdaderamente, Su Presencia es real en el Sacramento de la Sagrada Eucaristía. Hijos, anhelen recibirlo en la Sagrada Comunión. Hagan frecuentes reparaciones para darle la bienvenida a su casa. Vayan a Misa diariamente, y acerquen a Jesús más a ustedes. El mundo no tiene un don mayor que la Santa Misa. Y no esperen que haya otro don más grande que la Santa Misa. La razón es que Dios está ofreciendo en sacrificio a Su único Hijo en la Misa, para llevar a cabo esta Santa Unión. La Sangre del Cordero se vierte para sellar la Alianza Eterna con el mundo.

Hijos, es una Alianza de Amor. Es por esto que Él les da Su Cuerpo y Su Sangre, para que coman y tengan vida eterna. La Eucaristía es la vida del alma. Trae alegría al corazón, y fortaleza a la mente, en este camino lleno de dificultades y dolor. Jesús en la Sagrada Eucaristía es la paz de su almas. Encuéntrense con El en la Misa, y renueven su unión con Él. Este sencillo llamado es muy

grande si ustedes conocen su valor, y asisten a Misa con devoción. Permanezcan en la paz del Cielo. Adiós".
Este mensaje fue dado el 13 de Julio de 2006.

"LAS VISITAS AL SANTÍSIMO FORTALECEN NUESTRA RELACIÓN CON JESÚS"

LECCIÓN:
"La paz del Cielo esté con ustedes. Regocíjense, todos ustedes que adornan los altares de Dios. Él dice: 'Regocíjense, oh pequeños ángeles de Dios que rodean el altar de Dios. Están disfrutando la Brisa del Cielo. Sus días sobre la Tierra están bendecidos. No permitan que nadie les aparte de este dulce gozo; de otra manera, sus días se convertirán en penas y aflicciones.' Acérquense y escuchen este consejo. Yo soy su amiga y hermana Cecilia".

"Las visitas amistosas fortalecen las relaciones. Cuando dos amigos permanecen juntos, charlan y se contemplan uno al otro, se fortalece más su relación. Los vínculos se aflojan de amigos distantes. Tal amistad no es sólida. Cualquier cosa pequeña puede separarlos. Hoy, Jesús me envía para llamarlos a acercarse más a Él, y fortalecer su relación con Él a través de visitas constantes a Su Presencia en la Sagrada Eucaristía, en el tabernáculo de amor por ti. Como un prisionero, El aguarda por ti, día y noche. ¿Por qué lo dejas tan solo? ¿No sabes que Él está allí solamente por ti? Si no fuera por ti no se quedaría en esa prisión de Amor. Es el Amor que Él siente por ti, lo que lo mantiene allí. Vuelve tu corazón a Él. Recuerda a su Amigo, y visítalo a menudo".

En el camino hacia la Santa Unión, las constantes visitas a Jesús en la Sagrada Eucaristía, son el hilo que ata su alma al Corazón de Cristo. De hecho, su unión se manifiesta en cuán devotas son sus visitas a Cristo. Amigos, vayan a Él, y charlen como amigos. Contémplenlo y permitan que Su amorosa mirada penetre en sus pobres corazones. Solamente con tocar Jesús el corazón, su vida ya no será la misma. Podrán darse cuenta cuán dulce y amoroso es Jesús. Nada llena más nuestra vida que Él. Vengan a Él y vean. Los dejo, para que mediten en estas palabras. Adiós".

Este mensaje fue dado el 14 de Julio de 2006.

"OFRECERSE A SÍ MISMO"

LECCIÓN:
"La paz del Cielo esté con ustedes. Yo soy la Reina del Cielo, la Madre del Agonizante Jesucristo. Hijos, Mi llamado en éste último día de los tres días de oración es sencillo: 'Ofrecerse a sí mismos. Hijos, unan todo su ser, su trabajo y sacrificios con el sacrificio de Jesús en el Calvario y en cada Misa, por la Gloria de Dios".

"Esto simplemente significa que actuarán solamente por amor y honor a Dios. Si siguen este camino, estarán en paz con Él. Estarán en Santa Unión con Él. Mediten sobre esto, y sacrifíquenlo todo".

Que la bendición de este mes permanezca siempre con ustedes. Queden en la paz del Cielo. Adiós".
Este mensaje fue dado el 15 de Julio de 2006.

CAPÍTULO III

CUANDO VENGA EL PARÁCLITO

(Para ser leído el viernes, a las 5:00 p.m., durante la vigilia de la Espera de Tres Días, antes del Domingo de Pentecostés).

(Hechos 1, 6-8 y Juan 21, 15-19)

Cuando venga el Paráclito
Jesús dijo a sus discípulos: "En verdad, les conviene que Yo me vaya, porque si no me voy, el Paráclito no vendrá a ustedes. Cuando venga el Espíritu de la Verdad, Él los introducirá a la verdad total (Juan 16, 7-13). "Él les enseñará todas las cosas..." (Juan 14, 26).

"El amor que Dios nos tiene, se ha derramado en nuestros corazones, por el Espíritu Santo que Él nos ha dado"(Romanos 5, 5). "El Espíritu nos viene a socorrer en nuestra debilidad; porque no sabemos qué pedir, ni cómo pedir en nuestras oraciones. Pero el propio Espíritu ruega por nosotros, con gemidos y súplicas que no se pueden expresar" (Romanos 8, 26).

Nuevamente, Jesús había dicho (el Espíritu Santo) "les enseñará todas las cosas y les recordará todo lo que les He dicho" (Juan 14, 26). " Él dará pruebas en Mi favor, y ustedes también hablarán en mi favor..."(Juan 15, 26-27). "Recibirán la fuerza del Espíritu Santo, que vendrá sobre ustedes, y serán mis testigos en Jerusalén, en toda Judea y Samaria, y hasta los límites de la tierra" (Hechos 1, 8).

Resumamos en tres frases lo que sucederá cuando el Espíritu Santo llegue, mientras tomamos consciencia del tiempo limitado de nuestra meditación sobre este tema: cuando venga el Espíritu

Santo: **la libertad se nos concederá, la santificación será nuestra, y el poder nos será dado para servir y el poder sobre el pecado.** Podemos discutir brevemente cada uno de estos acontecimientos más abajo.

La Verdadera Libertad es Concedida por el Espíritu Santo:
"Donde está el Espíritu del Señor, allí está la libertad", el Apóstol Pablo nos dice (2 Corintios 3, 17). Por medio del derramamiento de Su Espíritu, Jesús Resucitado crea el espacio vital en el cual la libertad humana puede ser del todo realizada. Vimos cómo los Apóstoles mismos, antes de Pentecostés, estaban temerosos, encerrados en el Cenáculo (Juan 20, 19). Ellos todavía no habían recibido el **poder de la verdadera libertad.** Pero el día de Pentecostés, cuando bajó sobre ellos el poder, abrieron la puerta tras la cual se escondían por miedo, y empezaron a predicar. Pedro se paró sin temor, y predicó el mensaje de arrepentimiento a todos, incluyendo las autoridades (Hechos 2, 14-36).

Vamos a recibir el poder para romper todas las ataduras que nos mantienen cautivos y nos atan al pecado, cuando el Espíritu Santo venga sobre nosotros. Ya no seremos esclavos de ningún hombre, de ningún vicio, de ninguna ocasión, ni aun de Satanás. Esto es así, porque el Espíritu Santo es Quien busca en las profundidades de Dios, y al mismo tiempo, es la Luz que ilumina la conciencia del hombre, y la Fuente de su verdadera Libertad. (tomado de Dominium of Vivification, n 15).

El hombre es santificado por el Espíritu Santo:
El acto de Jesús, de soplar sobre los Apóstoles, que comunicó a ellos el Espíritu Santo (Juan 20, 21-22) recuerda la creación del hombre, descrita en el Génesis como la comunicación del "soplo de vida" (Génesis 2, 7).

El Espíritu Santo es el "soplo" del Resucitado, que infunde nueva vida en la Iglesia, como se concedió al primer discípulo. El signo más obvio de esta nueva vida, es el poder de perdonar los pecados. Jesús, de hecho dice: "Reciban el Espíritu Santo. A quienes ustedes perdonen, les quedarán perdonados"(Juan 20, 22-23). Donde quiera que el "Espíritu de Santidad" (Romanos 1,

4) se derrama, todo lo que se opone a la santidad, por ejemplo el pecado, es destruido. De acuerdo con la Palabra de Jesús, "el Espíritu Santo es Quien convencerá al mundo de pecado"... (Juan 16, 8).

Él nos hace conscientes del pecado, pero al mismo tiempo es Él mismo Quien perdona el pecado. Santo Tomás comenta acerca de esto: "ya que es el Espíritu Santo quien estableció nuestra amistad con Dios, es normal que Dios nos perdone los pecados a través de Él" (Cont. Gent, iv, 21,11). Esto significa que cuando recibimos el Espíritu Santo, Él nos hace ver nuestras imperfecciones, y podemos así rechazarlas, luchar contra ellas, vencerlas, y somos así santificados.

Recibimos poder cuando el Espíritu Santo viene:
Cuando el Paráclito venga, "Recibirán la fuerza del Espíritu Santo, que vendrá sobre ustedes, y serán Mis testigos en Jerusalén, en toda Judea y Samaria, y hasta los confines de la tierra" (Hechos 1, 8).

El poder nos será dado de dos maneras: "poder para servir" y "poder sobre el pecado".

Poder para servir, es el que nos capacita para predicar la Palabra de Dios y extender el mensaje de Cristo a los que están cerca, y hasta los confines de la tierra. Es **el poder del Espíritu Santo** el que empuja a los fieles a organizar retiros, cruzadas, y a promover momentos de soledad con el Señor, todo esto para fortalecerse en el Espíritu y para prepararse para encontrar a las ovejas perdidas del Señor, y alimentarlas, para llevar a cabo obras de caridad, y muchas otras obras buenas.

En la plenitud del Espíritu Santo, los fieles se afanan y trabajan sin quejarse. Sacrifican su dinero, su tiempo, por el Evangelio, sin sentirlo. El tiempo que están con Jesús es lo máximo para ellos, y así 'el tiempo de Jesús' permanece siempre para ellos. Ningún evento, ni nadie, puede desplazar ni disminuir el tiempo de Jesús para ellos. Estas son las manifestaciones del **Poder del Espíritu Santo en el servicio.**

El **Poder sobre el pecado** se puede ver claramente, en la búsqueda del verdadero arrepentimiento. Después del discurso de Pedro el Día de Pentecostés, los que lo escucharon quedaron convencidos, lo que los llevó a la conversión. Esta conversión trajo consigo una entrega. Esto ocurrió cuando ellos preguntaron a Pedro y a los Apóstoles, "¿Qué debemos hacer para salvarnos?"(Hechos 2, 37). En el versículo 38 del capítulo 2 de los Hechos de los Apóstoles, Pedro les contestó: "Arrepiéntanse". ¡Y esto hicieron! Esta respuesta es obediencia. Después de su obediencia y arrepentimiento, Pedro les predicó sobre Jesucristo, Quien murió por sus pecados. Ellos creyeron en Él, y fueron bautizados. En el bautismo, se levantaron victoriosos con Cristo, sobre el poder del pecado, y recibieron el Espíritu Santo.

Todos los que reciben el Espíritu Santo han vencido al mundo porque el poder que vence al mundo esta viviendo dentro de ellos.

SIETE HORAS ININTERRUMPIDAS DE ADORACION, MIENTRAS SE LEE Y MEDITA SOBRE LOS "DONES DEL ESPÍRITU SANTO", TAL COMO SE DESCRIBE EN LOS SIGUIENTES CAPÍTULOS IV-X. ESTO DEBE HACERSE EL SÁBADO DE LA VIGILIA DE LOS "TRES DIAS DE ESPERA", ANTES DE PENTECOSTÉS. VER EN EL APÉNDICE LA HORA PARA CADA CAPÍTULO.

(Mis propias oraciones de intercesión finalizan cada capítulo. Ellas son fruto de mi meditación, y siguen el formato del programa, tal como fue dado por Nuestro Señor).

CAPÍTULO IV

EL DON DE TEMOR DE DIOS

**(Para ser leído el sábado, a las 12:00 del día,
durante la vigilia de los "Tres Días de Espera,
antes del Domingo de Pentecostés)**

INTRODUCCIÓN:
*Temor de Dios: El don de Temor de Dios es ese temor infantil que hace
que sintamos más temor de desagradar a Dios, que sufrir una desgracia,
y por consiguiente, nos hace huir del pecado como el mayor mal. Existen
dos clases de temor: el temor de un sirviente, y el temor de un niño. El
temor infantil a Dios, es el más noble y bello de ambos, ya que urge al alma
a evitar el menor pecado, a fin de no desagradar a Dios, el mejor y más
amigable Padre del Cielo. Los Santos estuvieron animados por el amor y
el temor infantil hacia el Padre Celestial, y estaban dispuestos a morir,
antes que quebrantar la santa ley de Dios por el pecado voluntario.*

Lectura/Meditación:
Eclesiástico 34, 13-17 y Lucas 12, 4-7.

El Don de Temor de Dios
Meditación de Alexis Riaud – L'Action du Saint-Esprit dans nos ames

"Cuando se menciona el Don de Temor de Dios, estaríamos
tentados a considerarlo como un don inferior a los otros. ¿Acaso
no dice el Apóstol San Juan, que el amor perfecto echa fuera todo
temor?"

"Eso, sin embargo, es un error. El temor del que habla el amado
discípulo, y que el perfecto amor excluye, no tiene nada que ver
con el **temor de Dios** del que hablamos ahora (S.T.2-2q 19.a9).

Veamos cual es la naturaleza del don, y esto nos hará capaces de entender mejor el importante papel que este don tiene en nuestra vida espiritual".

"El don de temor de Dios, como el don de Piedad, de acuerdo a Santo Tomás, viene del don de la Sabiduría, algo así como su manifestación externa (S.T. 2-2, q45.a 1ad3)".

"Es una disposición sobrenatural del alma, que nos hace experimentar como instintivamente, y bajo la moción del Espíritu Santo, un inmenso respeto por la Divina Majestad, y una complacencia ilimitada en Su bondad, junto con un vivo horror hacia todo aquello que pudiera ofender en lo más mínimo a un Padre tan bueno, Quien es tan misericordioso y digno de ser amado".

"Santa Teresa de Ávila nos dice que lo que es predominante en un alma animada por ese don – y Teresa aprendió esto por experiencia propia- es el temor de ofender a Dios nuestro Señor, y un ardiente deseo de cumplir Su Voluntad en todas las cosas; y esta es una gracia por la que tal alma pide constantemente. Es por esto que tal alma está dispuesta a sufrir mil veces la muerte, antes que desagradar al Padre Celestial cometiendo el más pequeño pecado venial deliberadamente, ni aún la más pequeña imperfección voluntaria".

"Esto nos muestra claramente, que el temor filial, el cual es movido por el don de Temor de Dios, no es contrario al perfecto amor, como en el caso del temor servil. Por el contrario, el Temor que mencionamos como don, es un efecto del más tierno amor".

"Es por esto que no debería asombrarnos, cuando nos enteramos que el Corazón de Jesús estaba lleno de ese Espíritu de Temor desde los primeros años. Y Nuestro Salvador mismo, en la sinagoga de Nazaret, aplicó la profecía de Isaías a sí Mismo, después de que leyera estas palabras: 'y Él será lleno del Espíritu de Temor del Señor" (Isaías 11, 3).

"Fue también bajo la influencia del mismo Espíritu de Temor filial, que María pronunció su fiat (que se haga) el día de la Anunciación y Encarnación, y como San José, se sometió enteramente a las órdenes del Ángel para marchar al exilio, y más tarde regresar a Palestina a pesar de los peligros que podrían amenazar al Divino Niño".

"El temor filial del Señor, de acuerdo con la Sagrada Escritura, lejos de ser meramente el principio, como lo es el temor de los juicios y castigos divinos, es en realidad su plenitud y corona: " la plenitud de la sabiduría es temer a Dios... la corona de la sabiduría es el Temor de Dios...' (Eclesiástico 1,12-20). Lejos de ser una fuente de problemas y ansiedad, el temor filial de Dios, es lo que nos llena de paz".

"Por lo tanto, debemos darle prioridad, porque presupone la perfecta caridad, de aquí también todos los otros dones: 'nada es mejor que el temor del Señor'(Eclesiástico 23, 37). El temor del Señor es 'como un paraíso de bendición" (Eclesiástico 40, 28).

"Nuestro Divino Salvador, que se hizo hombre por nosotros, nunca tuvo que temer ofender a Dios. ¿Tampoco los Ángeles y Santos, que ahora disfrutan la Visión beatífica? Si el don del temor a Dios se les atribuye a ellos, esto sólo significa que tienen un inmenso respeto por la Divina Majestad, y un muy ardiente deseo de actuar siempre en conformidad con los mínimos deseos del Padre".

"El discípulo amado recuerda muchas palabras de Nuestro Señor, que expresan esa clase de temor: ' Yo hago siempre lo que a El le agrada'. (Juan 8, 29). '(Padre) te he glorificado en la tierra, cumpliendo la obra que me habías encargado'" (Juan 17, 4).

"Nosotros, a diferencia de Cristo y de los santos del Cielo, somos aún tentados a pecar y podemos caer en el pecado (Santiago 3, 2), inspirado por el Espíritu Santo dice: 'in multis ofendimus omnes!' o '¡todos nosotros cometemos muchos errores!' Y aunque hayamos progresado en el camino de la perfección, permanecemos débiles, y si Dios no nos sostuviera, podríamos prontamente caer muy abajo".

"Así, aún si algunos de nosotros estuviéramos muy avanzados en el camino de la santidad, es necesario perseverar siempre en un saludable temor de lo que podríamos hacer debido a nuestra debilidad".

"Al mismo tiempo, sin embargo, este temor debe estar acompañado por una profunda confianza filial en Dios, y una fe sin límites en la fidelidad de Dios para sostenernos. Dios, la fuente de toda gracia, nos ha llamado para compartir Su eterna gloria en Cristo Jesús, y Él llevará a cabo y perfeccionará en nosotros la obra que inició por su bondad misericordiosa, tal como escribe San Pedro (1 Pedro 5, 10): 'El Dios que es pura bondad los ha llamado para compartir con Cristo su eterna gloria, y después de que sufran un poco, los hará perfectos, firmes y fuertes...' Y descansando únicamente en la Misericordia Divina y no en nuestros propios poderes, se nos permitirá sentirnos confiados que alcanzaremos llegar al Cielo".

"Santa Teresa de Ávila (Castillo Interior, 3ª morada) escribe: 'A pesar de la santidad de nuestra Orden, no crean estar en (perfecta) seguridad. No confíen en el hecho que están enclaustradas, de que viven una vida austera, que están constantemente ocupadas en las cosas de Dios, ni que se ejercitan en la oración, ni en estar separadas de las cosas de la tierra, ni en tener horror de dichas cosas. Todo eso es bueno... pero no es suficiente para hacerlas sentirse perfectamente seguras. Más bien recuerden y repitan a menudo este versículo: 'Bendito el hombre que teme al Señor; bendito el que teme al Señor".

"Y un poco más adelante, hablando de las almas que tienen la bendición de la oración continua y el recogimiento interior, ella recomienda que eviten las ocasiones de ofender a Dios, y he aquí la razón que da: 'Porque el demonio está mucho más empeñado en hacer daño a un alma favorecida, que a un gran número de almas que no tienen esas gracias; porque las almas privilegiadas pueden hacerle mucho daño (al demonio), atrayendo otras almas al camino de la perfección... es por esto que tales almas privilegiadas están enzarzadas en muchas batallas, y si ellas sucumben, algo que siempre puede ser posible (y es sabido que esto les ha pasado a varias personas) ellas caerán mucho más bajo que otros en sus malos caminos" (Castillo Interior, 4ª Morada).

"La experiencia nos ha comprobado cuán ciertas son las palabras de la Santa, a quien la Iglesia ha proclamado Doctora de la Iglesia".

"La función del Don del Temor de Dios, es precisamente, prevenir al alma respecto al peligro de tales deserciones. Este don inspira una humilde desconfianza de sí mismo, y siempre nos urge a un más grande celo por el servicio a Dios, y fidelidad aun en los más pequeños detalles".

"Oh Jesús, escribe Santa Teresa de Lisieux, 'llévame Contigo, antes de permitir que manche mi alma cometiendo voluntariamente la más pequeña falta".

"Su amor por Dios era tan grande que no quería ser intencionalmente infiel por nada en el mundo que le fuera ofrecido. Ella no necesitaba una orden formal. Un deseo, cualquier señal (de una superiora) era suficiente. Ella quería llevar a cabo, con prontitud y amor, todos, aun los más pequeños deseos de su Padre Celestial".

"¡Bendito el hombre que teme al Señor! Espíritu Santo, Espíritu Divino de Luz y Amor, yo te consagro mi intelecto, mi voluntad, mi corazón, todo mi ser, en el tiempo y en la eternidad".

"Que mi intelecto sea siempre dócil a todas Tus inspiraciones y a las enseñanzas de la Santa Iglesia Católica, cuyo infalible Guía eres Tú. Que mi voluntad esté siempre en unísono con la Divina Voluntad. Que mi corazón esté siempre inflamado por el amor a Dios y a mi prójimo. Que mi vida entera sea una fiel imitación de la vida y las virtudes de Nuestro Señor y Salvador Jesucristo, Quien junto con el Padre y Contigo reciban por siempre todo honor y toda gloria".

Oraciones de Intercesión.

Don de Temor de Dios

1. **Por los líderes de la Iglesia:**
   Oremos por el don del Santo Temor de Dios entre los líderes de la Santa Iglesia: Espíritu Divino, derrama Tu don del santo temor sobre nuestro Papa, nuestros Obispos y todo el clero. Que ellos guíen la Iglesia con temblor y amor. Te rogamos, Espíritu Santo.

2. **Por los pecadores habituales:**
   Oremos por el don del Santo Temor de Dios, para los pecadores habituales que han perdido el sentido del pecado. Oh Espíritu de Amor, llena sus corazones con el santo temor, para que rechacen todo mal por Jesús, que murió por sus pecados. Te rogamos, Espíritu Santo.

3. **Por los que están viviendo momentos difíciles:**
   Toma posesión de los corazones de los fieles con Tu don del santo temor de Dios, oh Divino Espíritu de Dios. Que descubran Tu presencia en ellos, y permanezcan fieles a sus llamados, aún en el tiempo más difícil de sus vidas. Te rogamos, Espíritu Santo.

4. **Por los asesinos:**
   Oh Divino Espíritu de Dios, vence en todos los corazones el mal que quiere acabar con la vida humana. Que el don del Santo Temor de Dios, derrita los corazones de piedra de los terroristas y asesinos. Que ellos reconozcan el valor de la vida. Te rogamos, Espíritu Santo.

5. **Por todos los fieles que esperan:**
   Ven, oh Espíritu de Dios. ¡Ven! Tus hijos te esperan. Ven con Tu don del Santo Temor de Dios. Toma posesión de todos los corazones que están esperando aquí. Ilumina los corazones de Tus siervos con el don del Santo Temor de Dios. Que este don nos guíe en todo tiempo y en todas las cosas. Te rogamos, Espíritu Santo.

Oración final (por el sacerdote):
Ven, oh bendito Espíritu del Santo temor de Dios, ilumina los corazones para que rechacen todo mal por Tu amor y por temor de ofenderte por ese mismo amor. Esto te lo pedimos en el Nombre de Jesucristo, Nuestro Señor, que vive y reina Contigo y el Padre, un solo Dios, ahora y por siempre. Amén.

CAPÍTULO V

EL DON DE PIEDAD

(Para ser leído el sábado, a la 1:00 p.m., durante la vigilia de los Tres Días de Espera, antes del Domingo de Pentecostés).

INTRODUCCIÓN:
*Por medio del **don de Piedad** o Santidad, el Espíritu Santo infunde en nosotros reverencia hacia Dios y las cosas divinas, y alegría al conversar con Él. La piedad nos inclina a amar a Dios como el mejor Padre, a amar tiernamente a su muy amado Hijo, y a la Santa Madre de ese Hijo. La piedad nos mueve a amar, no solamente a los Santos y a los Ángeles, sino también a nuestro prójimo, como imagen e hijos (actuales o potenciales) de Dios. Nos hace sentir el dulcísimo placer de conversar con Dios, de escuchar lecturas espirituales y la Divina Palabra. Nos hace deleitarnos en cumplir la Voluntad del Padre y nos hace desear con vehemencia todo lo que tienda al honor y gloria de Dios.*

Lectura/Meditación:
Miqueas 6, 6-8 y Juan 15, 5-17

El Don de Piedad
Meditación de Alexis Riaud – L'Action du Saint –Esprit dans nos ames

"No es de mucho valor el tener conocimiento (o ciencia) si éste no nos conduce a amar. ¿De qué sirve el ser brillante en tal conocimiento, si el corazón y la voluntad no están ardiendo con amor divino?"

"Es por esto, que a los cuatro dones del Espíritu Santo, que son para la iluminación de nuestra mente, se añaden otros dones, que son: piedad, fortaleza y temor, cuyo propósito es unirnos más perfectamente a la Voluntad de Dios".

"Más aún, un alma que es iluminada por los dones de **entendimiento y sabiduría,** necesariamente está ardiendo de amor, y siendo grandemente fortalecida en el servicio a Dios. Santo Tomás nos dice que los **dones de piedad y temor de Dios,** vienen del **don de sabiduría,** y son la manifestación externa de este último. (S.T. 2-2, P. 45, a.1.ad 3)".

"La palabra Piedad, puede traer a la mente la piedad de una persona que reza mucho y devotamente. A diferencia de los antiguos romanos, nosotros no pensamos que la piedad (pietas) consiste en ser devotos de nuestro país".

"El don de Piedad significa una sobrenatural disposición del alma, que la inclina, bajo la acción del Espíritu Divino, a comportarse en su relación con Dios, como el más amoroso niño actúa con su padre y su madre, que el niño sabe lo aman intensamente".

"El principal objetivo de la Piedad, por lo tanto, es Dios mismo, no tanto como el Soberano Señor de todas las cosas, sino como el Padre infinitamente amoroso, e infinitamente merecedor de nuestro amor. 'Así como la virtud de Piedad (en el orden familiar humano) tiene como primer objetivo el Padre, en el orden de la naturaleza, así el don de Piedad, se refiere a Dios, como el Padre' (S.T. 1-2, 2. 121; 1, ad 1)".

"Una persona animada por el Espíritu de Piedad, ya no puede temer a Dios, de la manera que uno teme a un juez o a un patrono. Sin duda tal persona continúa teniendo cierto temor filial, que examinaremos más adelante, pero el temor servil está completamente excluido. En estos últimos, existe un temor a un patrono severo".

"La actitud de tal persona piadosa hacia Dios, es realmente la de un niño hacia sus padres, que él se da cuenta que lo aman. No hay rastros de temor servil. El amor toma su lugar".

"El objetivo secundario del Don de Piedad, es todo lo que tiene relación con Dios. Primero que todo, los Santos y las cosas sagradas. Una persona bajo la influencia del Don de Piedad, tiene hacia tales personas y cosas, un gran respeto y profunda veneración. Lo mismo que un niño, - a menos que esté dañado por malos ejemplos- está naturalmente inclinado a venerar y a amar todo lo que es amado y reverenciado por sus padres, así quien está animado por el Espíritu de Piedad, espontáneamente y de manera filial se apega a todo lo que sabe es querido al Corazón de su Padre Celestial".

"Ya en el Antiguo Testamento encontramos claras pruebas del amor 'que es más que maternal' que Dios tiene por Sus hijos que viven sobre la tierra, y el cual es el cimiento y el motivo de esa Piedad filial que la persona fiel siente hacia Dios. Leemos lo siguiente en el Salmo 103, 8-14: 'El Señor es compasivo y misericordioso, es lento para enojarse y generoso en perdonar... Cuanto dista el oriente del occidente, tan lejos arroja de nosotros nuestras culpas. Como un padre se compadece de sus hijos, así el Señor se apiada de los que lo temen. Él sabe de qué barro fuimos hechos, Él recuerda que somos polvo".

"En Isaías 66, 12-13, leemos estas palabras que extasiaron a Santa Teresita del Niño Jesús: 'Como un hijo a quien consuela su madre, así yo los consolaré a ustedes; yo los llevaré en brazos y los acariciaré sobre Mis rodillas'. Y luego está esa maravillosa frase (Isaías 49, 15): '¿Puede una mujer olvidarse del niño que cría, o dejar de querer al hijo de sus entrañas? Pues bien, aunque se encontrara alguna que lo olvidase, ¡Yo nunca me olvidaría de ti!"

"Pero es sobre todo en la Nueva Ley, en el Misterio de Cristo (Efesios 3, 4), que se revela el amor excesivo de Dios (Efesios 1, 4), un amor con el cual Dios ha escogido libremente amarnos, sin ningún mérito de nuestra parte, porque Él fue el 'primero en amarnos' (1 Juan 4, 10). Y Él nos ha amado desde toda la eternidad (Efesios 1, 4), y de una manera absolutamente gratuita: 'Este es un regalo de Dios; no es una recompensa por nada que hayan hecho'" (Efesios 2, 8-9).

"San Pablo escribe igualmente: 'Bendito sea Dios, Padre de

Nuestro Señor Jesucristo... Quien en Su amor nos ha predestinado para ser Sus hijos adoptivos, a través de Jesucristo' (Efesios 1, 3-5) "Ustedes no recibieron un espíritu de esclavos para volver al temor, sino que recibieron el Espíritu que los hace hijos adoptivos, y que los mueve a exclamar: ¡Abba, Padre! El mismo Espíritu le asegura a nuestro espíritu que somos hijos de Dios" (Romanos 8, 15-16).

"Cuando alguien es iluminado por estas enseñanzas divinas, y se entrega completamente a la acción del **don de Piedad**, entonces ve a Dios solamente como el más amoroso Padre, y sabe que lo ama infinitamente en Jesucristo. Habiendo llegado a estar muy íntimamente unido con el Verbo Encarnado – San Agustín utiliza la osada expresión: ipse sumus nos: nosotros somos Cristo – y lleno de Su Espíritu Divino, tal persona adopta entonces espontáneamente los sentimientos de Cristo hacia el Padre, hacia la Santísima Virgen, Su Madre, y también hacia los Ángeles y todos los miembros de Su Cuerpo Místico".

"Tal persona sabe que es perfectamente amado por aquellos que están en el Cielo y en el Purgatorio, y por todas las personas santas sobre la Tierra. El ama igualmente en Cristo Jesús, a todos los que son uno con él por gracia y por el Espíritu Santo, o que puedan así llegar a estar unidos a él".

"De esta manera, a través del **don de Piedad**, una perfecta caridad se desarrolla en su alma, y termina sintiendo la necesidad de amar y ser amado sin medida. De aquí en adelante, estando seguro de que su Padre Celestial es no solamente Todopoderoso, sino todo-amoroso hacia él, nada lo puede perturbar ya. Él sabe que después de todo, todo lo que le suceda, tendrá lugar para la mayor gloria de Dios, y su propia conveniencia".

"Es por esto que este corazón rebosa gratitud. Le gusta repetir: 'Gracias, Padre amado...Haz con Tu hijo lo que quieras; lo que Tú haces es lo que amo, y lo que deseo seguir amando...Que se haga Tu voluntad, y no la mía...con Jesús y en Jesús, a pesar de la repugnancia de mi débil naturaleza, quiero decir siempre desde el fondo de mi corazón: amadísimo Padre, que Tu Santa Voluntad se cumpla completamente en Tu hijo, a cualquier costo!"

"Esta especie de abandono infantil a Dios, está acompañado por una completa confianza en el futuro. ¿Por qué una persona así va a tener temores? Él sabe cuánto lo ama El Padre, y que si le envía pruebas, también le enviará la ayuda necesaria para aceptarlas de todo corazón. Es por esto que nunca está ansioso. Su único interés es amar con todas sus fuerzas en cada momento presente".

"Si el demonio intenta debilitar su virtud de esperanza, sugiriendo que tal vez no está en estado de gracia, y podría estar entre los condenados el Ultimo Día, él rehúsa considerar esa posibilidad. En vez de esto, rápidamente levanta su mente y su corazón a su Padre Celestial, y le dice con la simplicidad de un niño: 'Bien, querido Padre, yo quiero por lo menos, amarte con todas mis fuerzas en este mundo, y estoy decidido a amarte para siempre".

"El amor de esta persona puede llegar a ser tan puro y desprendido del mundo, que aun si – lo cual es imposible – fuera destinado al Infierno, no obstante, renovaría gozoso su deseo de amar a Dios eternamente y asegurar su recompensa".

"Esta es la clase de amor que hizo que Teresa de Lisieux algunas veces expresara 'mil cosas disparatadas'; por ejemplo, su buena voluntad de ser arrojada al abismo de horribles tormentos del Infierno, para desde allí, a través de toda la eternidad, se levantara al menos un acto de puro amor, atravesando todo un coro de blasfemias".

"Amando a su Padre Celestial 'hasta la locura' ella amaba todo lo que Él ama; y ya que el Padre ama a todas las almas con el amor con el que ama a Su Único Hijo, ella amaba a todas las almas con igual afecto. Por tanto, notamos su delicado comportamiento hacia el prójimo. Si el prójimo es imperfecto, ella ve en él, un miembro herido de Jesús, y redobla su atención y solicitud, para que el mal no aumente, sino para que el miembro doliente pueda ser sanado, si fuera posible".

"Esto viene a mostrarnos que el **don de Piedad** llega a perfeccionar, en un alma fiel, **la virtud de la Caridad** hacia Dios y hacia el prójimo. Y ya que la perfección de un alma, depende de su grado de caridad, podemos fácilmente comprender la excelencia de ese precioso fruto de la piedad".

"Pocas personas han recibido con tanta abundancia el don de piedad, como Santa Teresa del Niño Jesús. Es por esto que su 'caminito', es apropiadamente llamado el camino de la infancia espiritual. '¿Acaso no es Dios nuestro Padre?', preguntaba ella, '¿y no somos nosotros sus hijitos?', y sabemos que al final de su vida, le gustaba considerarse como la 'pequeña bebé' de (papa) '¡Papacito, el buen Dios!"

"Algunas mentes 'superiores' llamarán a eso 'niñerías', y sin embargo, cuán bien expresa esto nuestra absoluta dependencia respecto a Dios, aún en el orden natural, y al mismo tiempo, el exorbitante e inconcebible amor que el infinitamente misericordioso Padre tiene por nosotros, a los que ha deseado hacer hijos Suyos".

"Espíritu Santo, Espíritu del Hijo, que nunca cesaste de animar, durante su peregrinaje por la tierra, los Corazones de Jesús y Su Bendita Madre, con el más puro amor hacia el Padre, dígnate llenar también nuestros corazones con el mismo tierno y filial amor".

"Espíritu Santo por Quien hemos recibido el derecho de llamar a Dios con el dulce Nombre de Padre, y de ser verdaderamente Sus hijos, ayúdanos en nuestro intento de llegar a ser menos indignos de tener un Padre tan bueno y misericordioso. Que nosotros, después de haberlo amado con todo nuestro corazón en este mundo, a través de Ti, lo glorifiquemos eternamente en Su Único Hijo".

Oraciones de Intercesión.
El Don de Piedad

1. **Por las almas consagradas:**
   Oh Divino Espíritu de Piedad, ven y nutre los corazones de todos los hombres y mujeres religiosos, y de todos los que se han consagrado a Dios. Renueva en ellos el fervor de la devoción. Que prueben nuevamente Tu dulzura. Te rogamos, Espíritu Santo.

2. **Por los que se enfrentan a la desesperación:**
   Vierte el agua de la esperanza en la aridez de las almas desesperadas, oh Divino Espíritu de Piedad. Muéstrales la esperanza y el deleite de Tu Presencia en sus vidas. Que obtengan satisfacción en Tu favor y amor. Posee sus corazones con Tus dones. Te rogamos, Espíritu Santo.

3. **Por los pecadores empedernidos:**
   Oh Divino Espíritu de Piedad, muestra a los pecadores empedernidos la amargura en el placer del pecado, abriendo sus corazones a la dulzura de Tu santidad. Concédeles nuevamente Tu don de Piedad, y ayúdalos a experimentar Tu bondad. Te rogamos, Espíritu Santo.

4. **Por los que están sufriendo los efectos del escándalo:**
   Oh Espíritu de Santidad, Tu eres nuestra luz en la oscuridad. Muestra la luz de la fe a las almas jóvenes que han sido escandalizadas por la debilidad de sus líderes, y trae a todos los líderes al camino del arrepentimiento y de la conversión. Sana todas sus heridas con el nutritivo don de Tu piedad, y renueva su celo. Te rogamos, Espíritu Santo.

5. **Por todos los que están esperando aquí:**
   Ven, Espíritu Santo; no tardes, ven y llena los corazones de tus fieles que esperamos aquí, con Tu don de piedad. Aumenta en nosotros el deseo de amar y servir. Llena siempre nuestros corazones con el dulce perfume de Tu santidad. Te rogamos, Espíritu Santo.

Oración final (por el sacerdote):
Ven, oh Bendito Espíritu de Piedad, ilumina todos los corazones, para que encuentren deleite y satisfacción en el servicio de Dios y en la santa obediencia a sus superiores y líderes, cuando quiera que su obediencia esté de acuerdo a Tu Santa Voluntad. Te lo pedimos en el Nombre de Jesucristo Nuestro Señor, que vive y reina Contigo y el Padre, un solo Dios, por los siglos de los siglos. Amén.

CAPITULO VI

EL DON DE FORTALEZA

(Para leer el Sábado a las 2:00 p.m. durante la vigilia de los Tres Días de Espera, antes del Domingo de Pentecostés).

INTRODUCCIÓN:

Este don del Espíritu Santo, destierra toda timidez y respeto humano, fortalece las almas para que odien el pecado, para practicar las virtudes, y preferir el desprecio, pérdidas temporales, y aún la muerte, antes que negar a Cristo de palabra o de obra. Este don nos llena de poder para luchar y sobreponernos a los enemigos de nuestra salvación, y podemos ser capaces, en medio de las tentaciones, dificultades y persecuciones, de cumplir la Voluntad de Dios. Nos hace estar preparados y valerosos para emprender el más grande sacrificio por nuestra salvación.

Lectura/ Meditación
Daniel 3, 8-18 y Juan 15, 26-27; 16, 1-4

El Don de Fortaleza
Reflexión de Alexis Riaud – L'Action du Saint Esprit dans nos ames

"Para ser santo, no es suficiente conocer las cosas que debemos evitar. Debemos también 'hacer lo correcto', debemos actuar de acuerdo a la verdad y la rectitud: debemos hacer que lo correcto penetre cada detalle de nuestra vida diaria. Esto es difícil para nosotros, precisamente a causa de nuestra naturaleza caída. El poeta pagano expresó esto diciendo: 'Veo lo que es mejor y lo apruebo, pero hago las cosas que son peores".

"San Pablo se hace eco de esta queja cuando escribe (Romanos 7,

18-26): 'Ya sé que el bien no reside en mí...tengo el deseo de hacer lo que está bien, pero me falta el poder para hacerlo, porque no hago el bien que quiero, sino el mal que no quiero...! Desdichado de mí! ¿Quién me librará de mi condición presente que no es más que muerte?"

"Cuando estamos reducidos a tener solamente las fuerzas de nuestra naturaleza, la cual fue herida por el pecado original, somos realmente incapaces de perseverar por largo tiempo en aquello que es bueno".

"Afortunadamente, Dios en su misericordia ilimitada, ha tenido compasión hacia nuestra debilidad. Nos ha habilitado para compartir el divino poder de Jesús Nuestro Salvador. Quien dijo: 'Recibirán el poder del Espíritu Santo,' al hablar a sus discípulos cuando estaba por dejarlos y regresar al Cielo. 'Y ustedes serán mis testigos...hasta los confines de la tierra" (Hechos 1, 8).

"Esa promesa se cumplió pocos días después, el día de Pentecostés. Y fue la seguridad de haber recibido **esa Fuerza Divina** lo que más tarde hizo que San Pablo gritara victoriosamente: 'Todo lo puedo en Aquel que me conforta" (Filipenses 4, 13).

"**Esa Fuerza Divina** se da al alma cristiana en el momento de su regeneración espiritual en el bautismo, por la **virtud infusa de Fortaleza,** y también por el **don de Fortaleza,** cuya virtud depende de que sea ejercido".

"**El don de Fortaleza** en un alma enteramente entregada al Espíritu Santo, consiste en una disposición sobrenatural de alma, que la habilita, bajo la acción del Divino Espíritu, a emprender las acciones más difíciles, y a soportar las más grandes pruebas por amor a Dios, y la gloria de Su Nombre".

"Un alma animada por el Espíritu de Fortaleza, no pone su confianza en su propio esfuerzo. Nadie está más consciente de su propia extrema debilidad, y falta de poder con respecto a todo bien sobrenatural".

"Toda su confianza está en Dios, y esa confianza es ilimitada. Ella sabe que 'Dios ha elegido lo que el mundo tiene por necio, con el fin de avergonzar a los sabios...así nadie ya se podrá alabar a sí mismo delante de Dios (1 Corintios 1, 27-29); y que Él pide de Sus hijos solamente buena voluntad para cumplir en, y a través de ellos, maravillas de gracia y misericordia".

"Es por esto, que ninguna consideración puramente humana detiene a esta persona cuando está involucrada la gloria de Dios. Y se siente segura que Dios está complacido a este respecto. Nada parece imposible, porque lo espera todo de Dios, no pone su confianza en los medios puramente humanos a lo que estará obligado a recurrir. A aquellos que le hablaron a Juana de Arco sobre la temeridad de lo que iba a emprender, ella replicó: 'Los hombres batallarán, y Dios dará la victoria".

"Ella no puso su confianza en sus talentos militares, o en el valor de sus soldados, sino únicamente en Dios que puede, por un acto de Su Voluntad, vencer todas las fuerzas militares, y conceder a aquellos que lo aman, un brillante éxito".

"Igual que la virtud de Fortaleza, el don de Fortaleza o Fuerza, implica prontitud en tomar una decisión, generosidad en el esfuerzo, y perseverancia a pesar de las dificultades".

"En el ejercicio ordinario de la **virtud de Fortaleza**, todo esto es el resultado de un claro y bien definido proceso de razonamiento. Nuestras acciones se llevan a cabo por razones clara y definidas, fruto de lo que nosotros, con la ayuda de la gracia de Dios, descubrimos en nuestra meditación, como cuando nos damos cuenta de la necesidad de echar fuera nuestros vanos temores, porque los bienes eternos son superiores a todos los bienes de este mundo".

"Por el contrario, bajo la acción del **don de Fortaleza**, la persona emprende grandes cosas por la gloria de Dios, de una manera totalmente espontánea y natural. Se encuentra a sí misma inspirada a aceptar el sufrimiento más doloroso por amor a Él, y ya no siente la necesidad de defenderse del temor de cansancio y críticas, o contra el temor a los hombres; porque la única cosa a la que teme ahora, es desagradar a su Padre Celestial, o no procurar Su gloria al alcance de su habilidad".

"Su confianza en ese Padre tan misericordioso es tan grande, que ya no piensa, como hacía antes, qué le sucederá. Está satisfecho recibiendo momento a momento, con todo el amor de su corazón, pequeñas o grandes cruces que el buen Padre quiera enviarle. La pequeña Teresa constantemente repetía: 'Eso es lo que Él me hace amar".

"!Cuán grande era la paz que llenaba su corazón! No es que no sintiera el sufrimiento tan vívidamente como antes; a menudo era lo contrario. 'Yo aumentaré tu sensibilidad para que sufras más', le dijo Nuestro Señor a Santa Margarita María. Tal persona siente que se aumenta y agudiza su sensibilidad, a medida que avanza: pero si el sufrimiento permanece y aún aumenta, el amor lo transforma y hace que la persona no sólo lo acepte voluntariamente, sino que lo abrace con todo el amor del cual es capaz".

"Esto es así, porque el **don de Fortaleza** presupone en el alma el completo desarrollo de las **virtudes teologales de fe, esperanza y caridad,** lo mismo que la acción de los **dones de Entendimiento, Sabiduría, y Piedad filial".**

"Si el alma sin vacilación lleva a cabo tan grandes cosas con amor y algunas veces – aún con una sonrisa – soporta los más grandes sufrimientos, físicos y morales, es porque tiene una viva y firme fe en el infinito amor del Padre Celestial hacia ella. El alma tiene una confianza sin límites en Su bondad como Padre, y porque lo ama tanto, le gustaría hacer y sufrir infinitamente más para la gloria de Su Nombre".

"Es porque estaban animados por ese Espíritu de Fortaleza, que los Apóstoles, el día después de Pentecostés, emprendieron, a pesar de los pobres medios humanos de que disponían, la conquista del mundo y la revolución espiritual de las naciones".

"El mismo Espíritu Santo los hizo valientes ante las amenazas del Sanedrín y replicar sin temor a sus jueces, quienes les habían ordenado no seguir predicando: 'No podemos dejar de hablar de lo que hemos visto y oído.' (Hechos 4, 20). Fue Él, quien finalmente hizo que se regocijaran de haber sido considerados dignos de sufrir por causa del Nombre de Jesús".

"Fue también el Espíritu de Fortaleza quien produjo los mártires, tales como Esteban, Lorenzo, Cecilia e Inés, y quien ha inspirado y sostenido a los fundadores y reformadores de las órdenes religiosas y congregaciones en sus tareas, las cuales generalmente eran muy difíciles".

"Fue el mismo Espíritu de Fortaleza, quien hizo que Liberman rehusara regresar al mundo cuando la epilepsia llegó a ser un obstáculo para ser ordenado sacerdote; quien cuando fue virtualmente abandonado por todos, lo habilitó para continuar esperando en Roma la aprobación de su Congregación del Inmaculado Corazón de María, y Quien un tiempo después, lo fortaleció para llegar a ser la cabeza de la Congregación del Espíritu Santo, y para revivir el espíritu misionero en la Iglesia, durante los tiempos difíciles que siguieron a la Revolución Francesa".

"Al final del mismo siglo, fue el mismo Espíritu de Fortaleza quien hizo que una pequeña Carmelita fuera fiel en las más pequeñas cosas y no resistiera nunca ni los más pequeños impulsos de la gracia. Él le enseñó a encarar el sufrimiento con una sonrisa, y aunque vivió una corta vida en el claustro, llegó a ser la patrona de las misiones. Aludiendo a la gracia que recibió en la Navidad de 1885, ella escribió: 'Él me hizo fuerte y valerosa, y desde entonces, marché de victoria en victoria, empezando algo así como una gigantesca carrera'".

"Mientras ese don no ha llegado a estar activo en el alma, la persona permanece imperfectamente sujeta a toda clase de temores inútiles. Eso significa que el **don de Fortaleza,** que confiere a la Virtud su perfección final, es necesario para la perfecta santidad".

"Teresa decía que es particularmente necesario a las 'pequeñas almas' que están profundamente convencidas de su incapacidad, (soportar) hacer algo bueno ellas mismas. Si otros, que son por naturaleza fuertes y generosos, pueden contar de alguna manera con sus propios poderes que han recibido de Dios, esto no es así para las 'pequeñas almas', que son conscientes de su extrema debilidad. Siendo incapaces de encontrar en ellas, la energía que necesitan, solo tienen un medio de alcanzar la perfección a pesar de todo, esto es, recurrir al Espíritu Santo. Siendo incapaces de subir los peldaños de la escalera de la perfección por su esfuerzo personal, deben, por necesidad, confiar en los Brazos de Jesús: ellos deben recurrir al Elevador Divino, que es precisamente el Espíritu Santo".

"Es por esto que es de la mayor importancia, que cada alma se prepare a sí misma tan bien como sea posible, para la acción del Espíritu de Fortaleza".

"La primera condición para ese propósito es saber como reconocer humildemente su impotencia y aún a alegrarse a la vista de su miseria, después del ejemplo de Santa Teresita de Jesús, que nos asegura que 'mientras más débiles e infelices somos, más apropiados somos para la obra de ese poder consumidor y transformante en nosotros'. Pero ella también nos previene que para obtener ese favor debemos consentir en: 'permanecer en nuestra pobreza e impotencia; pero hay pocas personas que se someten a eso'".

"A esa humilde aceptación de su miseria, el alma hará lo mejor en añadir una ilimitada confianza en Dios en este respecto, y una esperanza ciega en Su misericordia, no sea que esa confianza parezca temeridad. Como aquellos de quienes la niña Teresita hablaba, estas almas tratarán de beneficiarse de todas las circunstancias para practicar generosamente las **virtudes de Fortaleza y Paciencia**, y así aprender a vencerse a sí mismas (experimentar la victoria de Dios) en las cosas pequeñas".

"Finalmente, el alma no debe olvidar recurrir, tanto como las circunstancias lo permitan, al Pan de los fuertes, la Sagrada Eucaristía – la fuente viva de la cual los mártires sacaban la fuerza para profesar su fe en Cristo, aun a costa de derramar hasta la última gota de su sangre".

"Espíritu Santo, Divina Luz y Fortaleza, que operas constantemente en nuestras almas, y sin el cual somos incapaces de pensar sobrenaturalmente, por Tu ayuda, los Apóstoles y los Mártires pelearon y se sacrificaron por amor a Cristo, y para la mayor gloria del Padre".

"Dígnate completar en nosotros toda la obra de santificación. Que lleguemos a ser verdaderos testigos de Cristo en este mundo, y entonces, en Él y a través de Ti, glorifiquemos al Padre para siempre en la vida bendita del Cielo".

Oraciones de Intercesión.
El Don de Fortaleza

1. Por los misioneros:
Fortalece las rodillas de los misioneros en tierras paganas. Fortifica sus corazones con el **don de Fortaleza**, oh Divino Espíritu de Dios. Querido Espíritu de Amor, sostiene a los misioneros en su santo testimonio de amor. Sé la fuerza de los mártires. Te rogamos, Espíritu Santo.

2. Por los que están sufriendo injustamente en prisión y en el mundo:
Sé la fuerza de aquellos que están sufriendo injustamente en nuestras prisiones y nuestras casas. Consuélalos, oh Divino Espíritu de Dios, con el **don de la fuerza.** Que este santo don aumente el amor en sus corazones y les dé fuerza para perdonar. Te rogamos, Espíritu Santo.

3. Por los que están muriendo por la pérdida de sus seres queridos, o por su riqueza:
Fortalece los débiles y temblorosos corazones de Tu pueblo, oh Divino Espíritu de Fuerza. Visítalos con Tu **santo don de Fortaleza.** Permite que su mente y esperanza se renueven en Tí. Te rogamos, Espíritu Santo.

4. Por los amigos inconstantes del Amor:
Oh Divino Espíritu de Dios, Tú eres la fuerza de nuestra voluntad. Inflama todos los corazones que anhelan amar, pero no saben cómo amar, los inconstantes amigos de Dios, con el poder de Tu **don de Fortaleza**. Permite que todos los corazones ardan en Tu llama de amor siempre. Te rogamos, Espíritu Santo.

5. Por todos los que estamos esperando aquí:
Ven y fortifica tu Templo, oh Divino Espíritu de Fuerza. Tus hijos están esperando por Ti. Tu templo está preparado para Ti. La puerta está abierta para Ti. Ven con Tu **don de fuerza** y somete toda timidez y respeto humano en nosotros, y fortalécenos para estar siempre listos para Cristo. Te rogamos, Espíritu Santo.

Oración final (por el sacerdote):
Ven, oh Bendito Espíritu de Fortaleza, ilumina todos los corazones ahora y en todo tiempo de dificultad y adversidad, para que se esfuercen por lograr la perfección en todas las cosas y en todo tiempo. Esto te lo pedimos en el Nombre de Jesucristo Nuestro Señor, que vive y reina Contigo y el Padre, Único Dios, ahora y por siempre. Amén.

CAPÍTULO VII

EL DON DE CONOCIMIENTO

(Para leer el Sábado a las 3:00 p.m. durante la vigilia de los Tres Días de Espera, antes del Domingo de Pentecostés).

INTRODUCCIÓN:
Por el **don de Conocimiento**, el Espíritu Santo nos ilumina con una luz interior, para que nos conozcamos, y discernamos las artimañas del amor propio, de nuestras pasiones, del demonio y del mundo, y podamos escoger los medios más aptos para vencerlos. Por medio de este don, el Espíritu Santo nos ilumina más y más, al dejar que Su Luz Divina penetre en nuestros corazones y nos ilumine acerca de las verdades reveladas y los deberes que debemos cumplir. La verdad conocida la podemos ver con más claridad de la que podría ser percibida por nuestra inteligencia. Este es el conocimiento de los Santos, que sobrepasa todo el conocimiento del mundo, "bajando del Padre de la Luz" (Santiago 1, 17). Cada naturaleza creada se hace un libro abierto donde leemos a Dios y a Sus perfecciones.

Lectura / Meditación:
Romanos 8, 12-17 y Juan 16, 5-15

El Don de Conocimiento
Meditación de Alexis Riaud – L'Action du Saint-Esprit dans nos ames

"Es conveniente poseer el don de conocimiento, en primer lugar, para responder al llamado a la perfección. Porque, mientras una persona tenga una apreciación mundana de la vida presente, es incapaz de vivir a plenitud la vida de Cristo. ¿Acaso no dice San Pablo que 'la sabiduría de la carne es enemiga de Dios?'"

"Es por eso que el primer deber de un alma en su búsqueda de la perfección, es despojarse de la mentalidad del mundo, dejar de juzgar las cosas desde un punto de vista meramente humano, y aprender a ver las cosas como las ve el mismo Dios".

"Este es precisamente el papel del **don de Conocimiento** cuando ha alcanzado su pleno desarrollo. Por ese don, también llamado 'ciencia', el cristiano, algo así como instintivamente, juzga todas las cosas a la luz de la fe, las juzga como lo hace Dios, por tanto también como Nuestro Señor, la Santísima Virgen y los Santos las juzgan. Es por esto que las personas que están totalmente entregadas al Espíritu Santo, aunque nunca se hayan visto ni hablado el uno con el otro, concuerdan perfectamente en su evaluación de los eventos mundiales, en contraste con los científicos y teólogos, que tienen tan divergentes opiniones respecto a los mismos eventos".

"¡ Bendita es por cierto el alma que ya no mantiene su propia manera de ver las cosas y sus propios juicios acerca de ellas, sino que en todas las circunstancias, las juzga de acuerdo al Divino Espíritu! Tal alma puede estar segura que no está equivocada".

"Mis pensamientos no son vuestros pensamientos, y vuestros caminos no son Mis caminos", dice el Señor. 'Así como el cielo está muy alto por encima de la tierra, así también Mis caminos se elevan por encima de vuestros caminos'" (Isaías 55, 8-9).

"La persona mundana ve en las personas y cosas que llenan el universo, solamente los medios para satisfacer su insaciable sed de riquezas, de placer y de vanagloria. Ignora el amor genuino el cual se olvida de sí mismo y busca el bienestar de la persona amada".

"Dios es amor. Él ve en los seres humanos que son obra de Su Omnipotencia y de Su amor misericordioso, tantos reflejos (e imágenes más o menos imperfectas que sin embargo lo reflejan) de Sus perfecciones infinitas. Y los ama a todos con ese amor infinito y verdadero con el cual Él ama a Su Hijo, y se ama a Sí Mismo. Santo Tomás de Aquino nos dice: 'No es sólo a Su Hijo a quien el

Padre ama a través del Espíritu Santo, sino también a Sí Mismo y a todos nosotros'. Antes de que el Hijo se encarnara, el autor del Libro de la Sabiduría había dirigido estas palabras a Dios: 'Tú amas todo lo que existe, y no aborreces nada de lo que has hecho; de lo contrario ¿cómo lo habrías creado?' (Sabiduría 11, 24).

"Los pensamientos de Dios son pensamientos de paz y de amor, y de infinita bondad. Un alma que está llena del Espíritu Santo, y animada por el **don de Conocimiento**, no tiene otra manera de mirar las cosas de este mundo sino de la manera de Dios mismo. Tal alma ve en cada creatura un reflejo de las perfecciones Divinas, y una invitación a alabar continuamente al Autor de todo lo que es bueno. Hace suyo con alegría, el cántico inmortal de los tres jóvenes en el horno ardiente: 'Obras todas del Señor, bendíganlo, alábenlo, ensálcenlo eternamente" (Daniel 3, 57).

"Fue porque San Francisco de Asís estaba lleno de ese Espíritu de Conocimiento que experimentaba una veneración tan grande y tierno amor a las obras de Dios. Joergensen, su biógrafo, nos dice: 'Las creaturas le hacían capaz de entender al Creador. Cuando él sentía la firme solidez de las piedras, inmediatamente sentía y reconocía, al mismo tiempo, que Dios es fuerza, y cuan poderosa de su ayuda a nosotros".

"La vista de una flor en la frescura de la mañana, o los pequeños picos abiertos con confianza innata en un nido de pájaros, le revelaban la pureza e inafectada belleza de Dios, así como la infinita ternura del Divino Corazón que era el origen de todo eso".

"Ese sentimiento llenaba a Francisco con una especie de gozo continuo a la vista de la obra, y por tanto del pensamiento de Dios, y al mismo tiempo, con el deseo de darle gracias constantemente".

"Él deseaba que todas las creaturas se unieran a él en esa acción de gracias, y le parecía que de hecho, ellas se sumaban gozosas a esa acción de gracias".

"Más cerca de nosotros en el tiempo, está Santa Teresita del Niño

Jesús, quien dignamente emulaba al Poverrello de Asís. En ella tenemos un ejemplo sobresaliente de un alma completamente entregada al Espíritu de Conocimiento. Todo en la naturaleza le hablaba de Dios; todo le recordaba la morada eterna".

"Santa Teresita nos dice: 'Recuerdo cómo, cuando era una niña pequeña, miré a las estrellas con admiración indescriptible'. Mirando con deleite al grupo de estrellas en la constelación de Orión, ella vió la letra T, y un día le dijo a su padre: 'Mira, papá, mi nombre está escrito en el Cielo'. Después de eso, ella nos dice: 'Quería estar mirando constantemente al cielo estrellado'. Pero al mismo tiempo, una tormenta, truenos, relámpagos, no le daban el menor temor. Ella estaba fascinada por tales señales creadas: 'Me parecía que el buen Dios estaba (en ese momento) muy cerca de mí'".

"Ella amaba la nieve, las flores, las margaritas; se encantaba mirando el lejano horizonte, el espacio, los grandes árboles: 'En resumen, todo en la naturaleza me fascina y lleva al Cielo mi alma'".

"Durante su viaje a la 'Ciudad Eterna', admiraba las majestuosas montañas de Suiza, sus cascadas, sus valles poblados de helechos gigantescos y brezos rosados: 'Cuánto bien hicieron a mi alma esas bellezas de la naturaleza, extendidas por doquier', escribió después, '¡Cómo elevaron mi alma hacia Él, que ha deseado esparcir tales obras maestras, sobre una tierra de exilio que no durará más de un día!'"

"Fue también en el árbol de la naturaleza que Teresita encontró la solución del difícil problema de la predestinación: 'He llegado a entender que todas las flores son bellas. El esplendor de la rosa, y la blancura del lirio, no le quitan el perfume a la pequeña violeta, ni eliminan la encantadora sencillez de la pequeña margarita. Me he dado cuenta de que si todas las flores pequeñas desearan ser rosas, la naturaleza perdería su primaveral adorno: los campos ya no estarían salpicados de margaritas.' Y llega a esta conclusión: 'lo mismo tiene lugar en el mundo de las almas, en el jardín del Señor...cuanto más sientan las flores, la felicidad de hacer la voluntad de Dios, más perfectas son".

"El don de Conocimiento también nos capacita para engrandecer el valor apropiado de los eventos en nuestro mundo, y particularmente aquellos que son ocasión de sufrimiento y dolor para nosotros".

"Visto por Dios, todo lo que sucede contribuye al cumplimiento de su designio eterno. Él dirige a todos los seres humanos a su debido fin, y al fin general y propósito del universo, lo cual es la gloria de Su Santo Nombre, a través de la santificación de las almas predestinadas".

"Es por eso que un alma que está totalmente entregada a la acción del **Espíritu de Conocimiento** hace todo lo que puede para no ceder a sentimientos de desolación y desesperación. Tal alma sabe que no estará desconcertada para siempre, y que es ventajoso ser tratada así. Se abandona a sí misma sin reservas a las Manos de su Padre Celestial".

"¿Acaso no es necesario que la vid mística sea podada a fin de producir fruto abundante? ¿Acaso no es necesario que una 'piedra' que debe adornar el Templo Celestial, sea pulida? Tal alma, por lo tanto, repite, durante las pruebas y la humillación, lo que dijo el Salmista: 'Fue bueno para mí que me afligieras (humillaras)'" (Salmo 119, 71, o en la Biblia Douay Rheims:Salmo 118:71).

"La gente mundana, que es indiferente con respecto a lo que ofende a Dios, tiembla solamente cuando se trata de perder la estima de los hombres; por el contrario, el que está lleno del **Espíritu de Conocimiento** tiene sólo una preocupación: evitar cometer la más pequeña ofensa a Dios. Tal persona se regocija cuando sufre humillaciones, porque sabe que este es el camino más corto y seguro para obtener el perfecto desapego y el perfecto amor".

"Santa Teresa de Ávila, refiriéndose a las muchas denuncias hechas contra ella por personas malvadas, le dijo a su director: 'Cada vez que escucho que alguien ha hablado de mí desfavorablemente, empiezo a rezar a Dios por esa persona, y le pido a Nuestro Señor que la preserve de cometer cualquier ofensa a Dios con su corazón, lengua o manos. Y ya no considero a esa persona como alguien que desea hacerme daño, sino como un siervo de Dios Nuestro Señor, que ha sido escogido por el Espíritu Santo para ser una especie de intermediario, con el propósito de procurar mi bien, y ayudarme a que esto resulte en mi salvación. Créame, la mejor y más fuerte lanza para conquistar el Cielo, es la paciencia en las pruebas. Es la paciencia la que hace a un hombre realmente ser dueño de su alma, tal como Nuestro Señor dijo a Sus Apóstoles'".

"Y cuando alguien le recordaba una particularmente ignominiosa acusación llevada a Roma contra ella, entre muchas otras, replicaba con una sonrisa: 'Yo hubiera hecho cosas mil veces peores, si el Señor no hubiera tomado mi mano. Lo que es de temer en esto y es muy doloroso, es el daño sufrido por un alma que hace tales cosas. En cuanto al que es falsamente acusado, no sufre más mal que el haberle dado la ocasión de ganar méritos'".

"Todos los Santos han estimado igualmente el sufrimiento, y más particularmente, la humillación. Santa Teresa de Lisieux decía: 'Te doy gracias, mi Dios, por todas las gracias que me has concedido, en particular por haberme hecho pasar a través del crisol del sufrimiento.' Y recordando los tres años durante los cuales sufrió grandemente por la enfermedad de su padre, proclamó: ' No los cambiaría por los más sublimes éxtasis, y mi corazón, en la presencia de ese tesoro que no tiene precio, llora de gratitud: '¡Bendito seas mi Dios, por esos años de gracia, durante los cuales hemos sido afligidos con tantos males! Bien amada madre (estaba ahora hablando a su hermana que había llegado a ser la Priora), cuán preciosa y dulce fue nuestra amarga cruz; de nuestros corazones han saltado solamente suspiros de amor y gratitud! Ya no caminábamos, sino corríamos: estábamos volando en los senderos de la perfección'".

"Allí vemos las maravillas que se logran a través del **don de conocimiento** en las almas que son fieles. Hace que todo en la naturaleza se convierta en una ocasión de alabar a Dios y de darle gracias continuamente".

"Por el contrario, para un alma que es esclava del pecado, todo se convierte en ocasión de tentaciones y caídas. Cuan cierto estaba San Pablo cuando escribió (Tito 1, 15): 'Todo es limpio para los limpios. En cambio para los incrédulos y manchados, nada es limpio'".

"Así, el alma que aspira a dejarse guiar en todo por el Espíritu de Conocimiento, debe, sobre todo, aplicarse en lograr una perfecta pureza de alma y gran ternura de conciencia. Debe evitar la menor falta deliberada como si fuera una plaga – aún en materia de poca importancia. Por el contrario, debe tratar de ser perfectamente fiel aún en los más pequeños detalles, y evitar toda disputa. Es por esa fidelidad en las cosas pequeñas, que la 'pequeña flor' alcanzó en muy corto tiempo, tal grado de sabiduría y tan perfecta santidad".

"Porque las más pequeñas infidelidades, si son habituales y cometidas con pleno consentimiento, inevitablemente conducen a un endurecimiento del corazón, y oscurecen el entendimiento. Como consecuencia, igualmente vicia los juicios, mientras constituye un obstáculo a la acción del Espíritu Santo en nuestras almas. Por lo tanto, San Pablo nos dice: 'No entristezcan al Espíritu Santo, que Dios puso en ustedes como a su sello'" (Efesios 4, 30).

"No es suficiente guardar nuestras almas para evitar cometer penosos pecados. Debemos también tener mucho cuidado en no poner obstáculos en el camino de Su acción, aplicándonos en evitar toda imperfección voluntaria. Solamente a ese precio, Él actuará plenamente en nosotros, de acuerdo a Su ardiente deseo, que es también el deseo más querido de Jesús y de Su Padre".

"Espíritu Santo, concédenos que podamos juzgar todas las cosas terrenas, no de acuerdo a las normas mundanas de los hombres, sino como Dios mismo las juzga en Su perfecta y Eterna Luz. Concédenos, por lo tanto, esa Divina Sabiduría que es disparate a los ojos de los hombres, y que despreciemos la sabiduría del mundo, que es locura a los ojos de Dios. No permitas que nuestros corazones se apeguen indebidamente a cualquier cosa pasajera, bien sean riquezas terrenas, placeres mundanos, o nuestra propia voluntad. Ayúdanos, para que

*estando solamente deseosos de complacer a Nuestro Padre Celestial,
actuemos en todas las circunstancias de acuerdo al ejemplo de Jesús
y María, siempre de acuerdo con Tus Divinas inspiraciones, y para
Su mayor gloria!"*

Oraciones de Intercesión.
El Don de Conocimiento

1. **Por aquellos que son víctimas de la filosofía mundana:**
   Aclara la nube de dudas en las mentes y los corazones de
   los herejes, oh Divino Espíritu de Dios. Permite que Tu **don
   de Conocimiento** ilumine sus corazones para ver la verdad
   revelada y creer en ella. Te rogamos, Espíritu Santo.

2. **Por la comunidad cristiana:**
   Sana la ceguera de nuestras mentes, oh Divino Espíritu de Dios.
   Concede a los fieles el **don de Conocimiento**, de ese infinito
   Conocimiento Tuyo. Que los fieles crezcan en el conocimiento
   de Dios, y aprendan a escoger las cosas valiosas, para el bien
   de sus almas. Te rogamos, Espíritu Santo.

3. **Por los paganos y los que son víctimas de una falsa fe:**
   Permite que Tu luz de Conocimiento brille sobre los paganos,
   y aquellos que son víctimas de una falsa fe. Ilumina sus mentes
   con el conocimiento de la Verdad revelada de Jesucristo.
   Que todas las comunidades cristianas reciban el **don de
   Conocimiento**, y sean guiadas hacia la unidad del rebaño. Te
   rogamos, Espíritu Santo.

4. **Por aquellos que no creen en la existencia de Dios**
   ¡Eterno Espíritu de Dios! Revela Tu existencia a aquellos que
   no creen en la existencia de Dios. Abre sus mentes par que
   sientan Tu Presencia y experimenten Tu amor. A través de
   Tu Divino don de Conocimiento, vence su incredulidad. Te
   rogamos, Espíritu Santo.

5. **Por todos los que esperamos aquí:**

Ven y desciende sobre Tu pueblo que espera por Ti. Ven con Tu don de Conocimiento, oh Divino Espíritu. Renueva nuestras mentes para que veamos las cosas a la luz de la eternidad; veamos el Cielo en todo; y disfrutemos del amor de Dios en todo. Te rogamos, Espíritu Santo.

Oración final (por el sacerdote):
Ven, oh Bendito Espíritu de Conocimiento, ilumina todos los corazones para que vean y escojan la Voluntad del Padre por sobre todas las otras voluntades, y también busque y valoren el Reino de los Cielos más que la vanidad y la nada de las cosas terrenas. Esto te lo pedimos en el Nombre de Jesucristo, Nuestro Señor, que vive y reina Contigo y el Padre, ahora y por siempre. Amén.

CAPÍTULO VIII

EL DON DE ENTENDIMIENTO

(Para leer el Sábados a las 4:00 p.m. durante la vigilia de los Tres Días de Espera antes del Domingo de Pentecostés).

INTRODUCCIÓN:
*Entendimiento es ese don del Espíritu Santo que nos capacita para comprender los misterios y doctrinas de nuestra santa religión. Si Dios proyecta conducir a un alma a la santidad, Él le da una luz interior y un profundo discernimiento de los Divinos misterios, por lo que está animada a servirle más perfectamente. La luz es **el don de Entendimiento,** a través del cual, personas sencillas a menudo tienen un profundo conocimiento de grandes misterios, por ejemplo, de la Santísima Trinidad, y la Encarnación – sobrepasando el entendimiento natural de hombres muy estudiosos, pero menos devotos.*

Lectura / Meditación:
Colosenses 2, 6-10 y Juan 14, 21-26

El Don de Entendimiento
Meditación de Alexis Riaud – L'Action du Sain-Esprit dans nos ames

"Por el **don de Conocimiento y de Consejo**, el alma entregada a la acción del Espíritu Santo, juzga todas las cosas creadas como el mismo Jesús, el Hombre-Dios las juzga, es decir a la manera de Dios".

"Allí tenemos el completo desarrollo del Espíritu de fe acerca de las cosas de este mundo. Esto presupone la muerte en el alma de todas las pasiones desordenadas, de cada afecto que no esta de acuerdo con aquellos del Corazón de Jesús".

"Cuando un alma está en esa condición, en la cual una tendencia a oscurecer la vista del alma ha desaparecido, y el alma está dispuesta a dejarse guiar de la manera más perfecta por el Divino Espíritu, es entonces que el noble don entra en acción: **Entendimiento y Sabiduría**".

"Debemos evitar tomar el **don de Entendimiento**, que puede moldear la inteligencia, como la facultad espiritual de conocimiento, que distingue al hombre de la bestia".

"Una persona puede poseer una inteligencia superior aunque no posea el **don de Entendimiento** para aumentar su inteligencia, o puede no permitir que ese don de Entendimiento actúe en ella".

"Por el contrario, con frecuencia conocemos personas cuya inteligencia es muy corriente y poco desarrollada, pero que está maravillosamente animada por el don de entendimiento".

"¿Qué queremos significar por el **don de Entendimiento**? Es una disposición sobrenatural de la mente, que nos habilita para tomar y penetrar profundamente, como por intuición, dentro de los misterios de nuestra Fe, o simplemente para captar el profundo significado de algunas Palabras pronunciadas por el Salvador, o palabras vertidas por cualquiera inspirado por el Espíritu Santo".

"Hemos conocido por largo tiempo tales misterios. Hemos escuchado frecuentemente tales palabras – tal vez hemos meditado a menudo sobre ellas. Pero ahora golpean nuestra mente de una manera tan nueva, que nos parece que nunca las habíamos realmente entendido hasta este despertamiento".

"Por ejemplo, bajo la influencia del don de Entendimiento, una persona ve tan claramente que Dios es Amor, y es nada más que Amor, que de ahí en adelante, nada sería capaz de hacer que esa persona tenga ninguna duda sobre ese infinito e inmutable Amor. Es como si tuviera una evidencia inmediata de ello. Está llena de una luz vívida y deleitosa, y esa luz está acompañada por una felicidad, de cuya existencia el mundo es incapaz de sospechar".

"Santa Teresa de Ávila escribe (Autobiografía, Cap.27): 'Dios pone en lo más íntimo del alma lo que Él quiere hacer conocer... se asemeja al caso de una persona que se encuentra poseyendo una ciencia aunque nunca hubiera aprendido a leer, nunca hubiera recibido ninguna instrucción, nunca hubiera estudiado nada, y es incapaz de decir de donde vino esa ciencia o conocimiento, porque nunca se molestó en aprender el alfabeto. El alma, enseguida, en un momento, ha llegado a ser erudita. El misterio de la Santísima Trinidad, y otras sublimes doctrinas se han vuelto claras para esa persona, y está preparada para discutir sobre tales materias con cualquier teólogo y defender la verdad de esas sublimes realidades. La persona misma está perfectamente atónita por lo que ha llegado a conocer".

"Ha sido claramente bajo la influencia de ese don, que Santa Teresita de Jesús escribió en su autobiografía esta profesión de fe en el amor de Dios por ella: '!Mi Jesús! Me parece que es imposible que Tú puedas llenar otra alma con más amor del que has vertido en mi alma.' Y agrega más adelante: 'Soy incapaz de concebir una inmensidad de amor más grande que la que te ha complacido concederme, sin ningún mérito de mi parte".

"Asombrándose personalmente por la osadía manifestada en esas líneas que como que brotaron de su pluma, ella sintió que era necesario disculparse por lo que había dicho: 'Madre mía, estoy perfectamente atónita por lo que acabo de escribir. No lo hice intencionadamente.' Pero ella evitó cuidadosamente quitar nada del texto, porque eso expresaba exactamente su pensamiento. Sería incorrecto, sin embargo, creer que este don está reservado para almas llamadas a un alto grado de santidad".

"Recuerdo haber administrado los sacramentos a una pobre mujer de ochenta años quien después me contó la historia de su vida. Ella conoció los tiempos en que niños de siete u ocho años, tenían que trabajar en fábricas. Ella misma había sido víctima de tal situación. No había recibido ninguna instrucción, ni secular ni religiosa. Sin embargo, conocía las verdades de la Fe, y sabía cómo rezar. Un funcionario a quien ella había servido como criada, le había enseñado a rezar. El Espíritu Santo había hecho el resto".

"Esa luz en la mente no viene sin estar acompañada por una gracia proporcional para la voluntad. Un alma bendecida con tal luz, se siente como inflamada de amor por Dios. Y renunciaría gustosa a mil vidas, con tal de declarar su fe y su amor".

Santa Teresa de Ávila escribió: 'Sólo tal gracia es suficiente para transformar un alma por completo. De ahí en adelante, se siente incapaz de amar nada fuera de Él, Quien sin ningún esfuerzo de parte del alma, la hace poseer tales bienes. Él le revela los más altos secretos y le manifiesta una ternura, un amor que las palabras humanas no pueden describir".

"Un alma que está bajo la influencia de esa vida, florece, y puede permanecer en esa condición por muchos días. Le gustaría difundir su amor al mundo entero. No puede entender como los hombres pueden buscar la felicidad fuera de Dios, ve claramente que todo es vanidad, excepto servir y amar a Dios, sin restricciones ni reservas".

"Está más allá de nuestro poder, procurar tales favores directamente para nosotros. Pero el Espíritu Santo ciertamente desea concedérnoslos, y podemos y debemos disponernos a recibirlos con la ayuda de Su gracia".

"Prontamente entendemos que la primera condición que se requiere para el florecimiento de ese don de Entendimiento en nuestras almas, consiste en nuestro desapego de todos los afectos y placeres pecaminosos. San Pablo (1Corintios 2, 14) nos dice: 'El hombre natural rechaza lo que enseña el Espíritu de Dios. Tal cosa es absurda para él, y es incapaz de entenderla".

Además de eso, el alma debe estar dispuesta a entrar generosamente en el camino de la perfecta abnegación y total renuncia. Como Santa Teresa de Liseux cuando entró en el Carmelo, el alma debe estar preparada para aceptar 'el pan diario de una amarga sequedad(espiritual,' para aceptar toda otra clase de prueba que Dios desea enviar al alma, a fin de que tenga una devoción más espiritual y más perfecta".

"Debe también esforzarse en ajustarse a sí misma a la buena voluntad de Dios, respecto a los más pequeños detalles, según el ejemplo de Teresa. Y como ella, debe estar animada con el inmenso deseo de responder perfectamente – y a cualquier costo – a los misericordiosos designios de Dios hacia ella".

"Esa fidelidad presupone gran humildad, gran desconfianza en sí misma, e ilimitada confianza en la bondad divina; en otras palabras, ese espíritu de infancia espiritual que Santa Teresa de Liseux tan oportunamente recordaba para beneficio de los hombres".

"Nuestro Salvador dice: 'Les aseguro que si no cambian y vuelven a ser como niños, no entrarán en el Reino de los Cielos' (Mateo 18, 2-3). Y leemos en San Lucas (10, 21) 'En ese mismo momento, Jesús movido por el Espíritu Santo, se estremeció de alegría y dijo: 'Yo te bendigo, Padre, Señor del cielo y de la tierra, porque has ocultado estas cosas a los sabios e inteligentes, y se las has mostrado a los pequeñitos'".

"Espíritu Santo, Espíritu de la Verdad, ayúdame a escuchar y a seguir todas Tus enseñanzas, y a ser fiel a todas Tus inspiraciones e indicaciones".

"Espíritu de Vida, Fuerza y Luz, sé mi poder y mi vida. Tú me hablas en el silencio; hazme ser recogida. Tú desciendes a las almas humildes. Dame el espíritu cristiano de humildad. Enséñame a vivir animada por Tu Amor; enséñame a esparcir amor alrededor de mí".

Oraciones de Intercesión.
El Don de Entendimiento

1. Por la unidad entre la familia Cristiana:
Une todas las cosas en Cristo, oh Divino Espíritu de Dios.
Derrama Tu **don de Entendimiento** sobre la familia Cristiana
y capacítales para acoger el llamado de unidad del rebaño,
por lo cual Jesús oró: "Padre, que ellos sean uno como Tú y Yo
somos uno". Te rogamos, Espíritu Santo.

2. Por las comunidades religiosas:
Renueva Tu **don de Entendimiento** entre los hombres y
mujeres religiosas. Abre sus mentes para que entiendan
claramente la vanidad de este mundo y acojan los valores de
Tu Reino. Guárdalos en un único amor; que permanezcan en
una única Verdad; y continúen dando el mismo Testimonio de
Fe verdadera. Te rogamos, Espíritu Santo.

3. Por la unidad de las familias:
Derrama el **don entendimiento mutuo entre las parejas.**
Permite que el santo don de Entendimiento les ayude a
entender a qué los llama Dios a ser. Ven, oh Espíritu de amor,
y reconstruye los hogares rotos. Sana las heridas de su amor,
y aumenta el Fuego de Tu Amor en ellos. Te rogamos, Espíritu
Santo.

4. Para la sanación de las mentes carnales entre los fieles:
Visita los corazones fieles con el **don de Entendimiento**, oh
Divino Espíritu de Dios. Permite que la Luz de Tu Presencia
cubra su intelecto y puedan ver las cosas de la manera del
Cielo; para que vivan una vida inteligente y santa. Te rogamos,
Espíritu Santo.

5. Por todos los que estamos esperando aquí:
Permite que **Tu luz de Entendimiento** brille sobre nosotros
que estamos esperando por Ti, oh Divino Espíritu, para que
podamos profundizar en los Divinos misterios. Renueva
nuestros corazones con el **santo don de Entendimiento** y

abre nuestro intelecto para entender el mensaje del Evangelio.
Te rogamos, Espíritu Santo.

Oración final (por el sacerdote):
Ven, oh Bendito Espíritu de Entendimiento, ilumina todos los
corazones con Tu Luz de Entendimiento, para que conozcan y
crean en los misterios de salvación y vivan una vida inteligente
para la salvación de sus almas. Esto te lo pedimos en el Nombre
de Jesucristo, Nuestro Señor, que vive y reina Contigo y el
Padre, Único Dios, ahora y por siempre. Amén.

CAPÍTULO IX

EL DON DE CONSEJO

(Para leer el Sábado a las 5:00 p.m. durante la vigilia de los "Tres Días de Espera" antes del Domingo de Pentecostés).

INTRODUCCIÓN:
Consejo es ese don del Espíritu Santo, que mueve el alma a escoger aquello que conduce más a la gloria de Dios y a la propia salvación. Por medio de este don, aprendemos la manera de agradar más a Dios. Siguiendo las inspiraciones del Espíritu Santo, recibimos verdadera paz interior, y consuelo espiritual. Este don es especialmente necesario para los superiores, cuyo deber es guiar a otros, cuando la prudencia natural no es suficiente.

Lectura / Meditación:
Tito 2, 1-15 y Juan 14, 15-20

El Don de Consejo
Meditación de Alexis Riaud – L'Action du Saint Esprit dans nos ames

"Leemos en la biografía del santo cura de Ars (San Juan María Vianney), que un sacerdote de la diócesis de Autumn, por mucho tiempo había buscado una solución a un problema muy difícil, por medio de la meditación personal, y consultando a otros; pero todo fue en vano. Así que fue a buscar consejo al santo Cura, y reportó: 'fue como si una nube se hubiera repentinamente evaporado'".

"El Padre Vianney solamente le dijo una palabra acerca de eso, pero nadie antes le había dicho esa sencilla y decisiva palabra. Él no la había encontrado en ningún tratado, y sin embargo, esa palabra le dio respuesta a todo. Le mostró una luz tan clara sobre el más oscuro punto de la cuestión, que el sacerdote, completamente satisfecho, no pudo menos que exclamar, diciéndose a sí mismo: 'Hay Alguien que lo aconseja: *¡ese hombre tiene un Apuntador!*'

"Así que el sacerdote le preguntó al Padre Vianney: '¿Dónde estudió usted Teología?' La respuesta del Padre Vianney fue simplemente un gesto; señaló a su prie-dieu'. 'Ese hombre tiene un apuntador'; no podíamos encontrar una mejor expresión. Sí, el Cura de Ars tenía un Apuntador, uno Infalible, llamado el Espíritu Santo".

"El biógrafo del Padre Vianney, buscando explicar el don admirable de discernimiento de ese cura, afirmaba correctamente que la certeza de su perspectiva- esa rectitud de juicio, no provenían de la natural perspicacia del pastor, ni de su primera educación, ni de sus estudios y razonamiento. 'Él, el humilde sacerdote, parecía tener en cambio un criterio oculto pero infalible, una llave que abría las puertas más secretas y más vigiladas de los corazones de los hombres'. Había algo que lo capacitaba para encontrar su camino hacia las conciencias... él descubría lo que era correcto, y qué era malo e inexacto".

"Esta última observación nos podría ayudar a expresar lo que se les da a las almas por medio del don de Consejo, el cual capacita a una persona a discernir inmediatamente, algo así como instintivamente, que debe hacer o decir en cada circunstancia".

"A esto se refería Nuestro Señor cuando le dijo a los Apóstoles: 'Cuando los lleven ante las sinagogas, los jueces y las autoridades, no se preocupen pensando como se van a defender, o qué van a decir, porque el Espíritu Santo les enseñará en ese momento lo que hay que decir" (Lucas 12, 11-12).

"El don de Consejo es al don de Conocimiento, lo que el arte práctico de curar a los enfermos, es a la ciencia teórica de la medicina, o si prefiere, es al don de conocimiento lo que el arte de resolver casos concretos de conciencia es a la ciencia de la moral, que enseña los principios generales para resolver tales casos".

"Por el don de conocimiento, el alma es entregada a la acción del Divino Espíritu, y adquiere una manera de valorar las cosas y los eventos de la tierra, de modo que espontáneamente y naturalmente como que juzga todas las cosas a la manera de Dios mismo".

"Sin embargo, el don de conocimiento nos da solamente una valoración general de las cosas de la tierra. No nos dice qué es apropiado que hagamos, o que debemos evitar en casos particulares, tomando en cuenta todas las circunstancias, las cuales pueden modificar la bondad o la malicia moral de nuestros actos humanos libres. Nos perfecciona en la virtud de la fe, respecto a las cosas de esta vida".

"El don de Consejo, por otro lado, está ordenado más bien a perfeccionar la virtud infusa de la Prudencia, la cual nos capacita para hacer aplicaciones apropiadas de principio generales. Si un alma actúa bajo la influencia de ese don de Consejo, inmediatamente e instintivamente como que sabe lo que debería ser hecho u omitido en su propia conducta o en la conducta de otros".

"Esa idea clara y precisa acerca de qué debe ser hecho o evitado en dadas circunstancias, no es el resultado de estudios o meditación. Es una suerte de intuición en virtud de ese instinto sobrenatural impartido por el Don de Consejo. Es por eso que sucede frecuentemente, que aquellos que se aprovechan de ese don, son incapaces de dar razón por su manera de ver las cosas, mientras se sienten seguros de que están juzgando las cosas de acuerdo a la verdad".

"Ese don de Consejo, evidentemente, es particularmente necesario para los directores y todos aquellos que ejercitan autoridad sobre su prójimo. Pero es no menos ventajoso a cada alma que desee responder plenamente a los misericordiosos designios de Dios a su alma, y ya en esta vida, para adquirir la santidad".

"Entre los Santos de nuestro tiempo en los cuales ese don ha sido sobresaliente, ya hemos mencionado al Cura de Ars. Está entonces la Carmelita Teresa de Liseux. Siendo consciente de su impotencia infantil, ella lo esperaba todo el Espíritu Santo. Teresa nos dice:' A menudo he notado que Jesús no quiere darme provisiones (para mañana). Él me alimenta a cada momento con comida nueva. Esto lo encuentro en mí, sin saber como llegó allí. Yo sencillamente creo que es el mismo Jesús, escondido en mi pobre y pequeño corazón, Quien actúa en mí de una manera misteriosa, y Quien me da la inspiración respecto a todo lo que Él quiere que yo haga en un momento particular".

"Ella mostró una prudencia total desde el inicio mismo de su vida religiosa, y todas las monjas de su comunidad reconocieron esto. Su Superiora, la Madre Marie de Montague, escribió esto acerca de eso: 'Nunca hubiera considerado posible que una niña a la edad de quince años, podría poseer un juicio tan perfecto al inicio de su noviciado. No había nada que tuviéramos que decirle; todo era perfecto".

"No hay duda que fue bajo la influencia de ese don, que ella aconsejó a una de sus novicias, que imitara, en su búsqueda de la santidad, la constancia de un niño muy pequeño, que siendo incapaz de dar el primer paso para subir unas escaleras, continúa sin embargo, levantando su pequeño pie, hasta que su madre, a quien quiere llegar él, baja y lo lleva a donde él desea ir".

¿Acaso no fue el Espíritu Santo Quien enseñó a Teresa el caminito, totalmente nuevo y maravilloso, que miles de almas escogen seguir, alentadas por ella? ¿Y acaso no fue del Espíritu Santo de Quien aprendió a recordar apaciblemente a sus novicias, la necesidad de la virtud de la humildad y del renunciamiento a sus propios juicios? Ella les dijo: 'Está mal que critiquen esto y aquello...como deseamos ser como niños pequeños, recordemos que los niños pequeños no saben lo que es mejor: ¡ellos creen que todo es bueno!' Durante su última enfermedad, no solamente las novicias, sino las monjas mayores, venían a pedirle consejo, y todas se iban calmadas y confortadas".

"Benditos sean aquellos que se dejan guiar de esa manera por el Divino Director de almas. Desafortunadamente, hay muy pocos que siguen esa dirección, tan pocos que progresan en el camino de la santidad. Y esto, a pesar del hecho de que todos han recibido ese divino don de Consejo, y de que el Espíritu Santo nada desea tanto como ver crecer este divino don en cada uno de nosotros. Debemos aprender, ayudados por la gracia ordinaria, a disponernos apropiadamente a fin de recibir la divina influencia del Espíritu Santo".

"'Dios se inclina hacia los pequeños, y resiste a los soberbios'. Es por eso que los primeros medios de disponernos a sacar ventaja de las inspiraciones divinas, es desconfiar nuestro propio juicio, y desapegarnos de nuestra propia manera de ver las cosas".

"Hay aquellos que lo juzgan todo; aprueban o condenan las cosas con una facilidad extraordinaria y pretensión. Nada escapa a su juicio. Las acciones de su prójimo, aún de sus superiores, están sujetas sus críticas inmisericordes. Parecen creen en esa condición, ¡no escuchando al Espíritu de Consejo!"

"¿Acaso no dice categóricamente Nuestro Señor: 'No juzgues y no serás juzgado?'"

"Se deseamos ser enseñados por el Espíritu Santo, el Divino Maestro de las Almas, enviado por el Padre y el Hijo, hagámonos dóciles, flexibles y pequeños. 'Los niños pequeños no saben lo que es mejor; ellos lo encuentran todo bien".

"Además de eso, tratemos de cumplir la Voluntad de Nuestro Padre Celestial en cada momento, siguiendo el ejemplo de Nuestro Divino Maestro. ¿No dijo el Rey David en un salmo: 'Me he vuelto más prudente que los ancianos porque he buscado tu voluntad, oh mi Dios?'"

"¿Por qué habría de rehusar el Espíritu Santo ayudar a las almas de buena voluntad, que se humillan a sus ojos y tienen un sólo deseo: cumplir la Voluntad de Dios, 'agradar a Jesús' en todo, siguiendo el ejemplo de la pequeña Santa de Lisieux?"

"Apliquémonos devotamente a la práctica de esas dos virtudes, humildad y obediencia, en los más pequeños detalles, animados por el amor. Entonces, ciertamente nosotros también escucharemos la voz del Divino Consolador de nuestras almas, y Él nos conducirá rápidamente a la cima de la perfección".

"El Cardenal Verdier nos ha dado una sencilla y corta oración, que podemos utilizar con gran ventaja:

> *'Espíritu Santo, amor del Padre y del Hijo, inspírame siempre lo que debo pensar, lo que debo decir, lo que debo escribir, y cómo debo comportarme. Qué debo hacer para trabajar eficazmente para Tu gloria, para el bien de las almas, y por mi propia santificación".*

Oraciones de Intercesión.

El Don de Consejo

1. **Por los superiores y formadores:**
   Sé el Guía de los superiores y formadores, oh Espíritu Santo de Paz. Muéstrales la luz en tiempos de decisión y duda. Vence en ellos el mal del odio humano y la mente desviada. Que Tu **santo don de Consejo** fortalezca su voluntad para sobreponerse al respeto humano y la parcialidad. Te rogamos, Espíritu Santo.

2. **Por los que buscan conocer su vocación:**
   Aclara las dudas en las mentes de todos que tienen dificultad en discernir su vocación, oh Divino Espíritu de Luz. Derrama en sus corazones tus **santos dones de Consejo** para capacitarlos a seguir Tu divina inspiración; y así recibir la verdadera paz interior y plenitud de vida. Te rogamos, Espíritu Santo.

3. **Por los que están en momentos difíciles y en pruebas:**
   Sé Luz y Consejero a aquellos en momentos difíciles y en pruebas, oh Divino Espíritu de Dios. Guía sus mentes en el camino de la verdad; permite que sus corazones vean la esperanza de su salvación. Derrama sobre ellos el **santo don de Consejo** para que disciernan el mejor camino hacia la victoria. Te rogamos, Espíritu Santo.

4. **Por las almas confundidas y desesperadas:**
Derrama el agua de la esperanza en los corazones secos, y concede la paz a las mentes atribuladas, oh Consolador de los afligidos. Muestra el camino a las almas confundidas. Dales Tu don de Consejo para aumentar su fe. Aconseja los corazones desesperados y dales esperanza. Sé la esperanza de los desesperados, y la paz de los abatidos. Te rogamos, Espíritu Santo.

5. **Por todos los que esperamos aquí:**
Ven sobre nosotros, oh Divino Consolador. Bendice a Tu pueblo con Tu santo don de Consejo, y aumenta en nuestros corazones el poder de discernimiento. Haz brillar en nosotros la virtud de la prudencia, y dótanos con el sentido común sobrenatural. Que siempre nos inclinemos a lo que es bueno y nos conduce a la gloria de Dios y a nuestra salvación. Te rogamos, Espíritu Santo.

Oración final (por el sacerdote)

Ven, oh Bendito Espíritu de Consejo, sé el guía y la ayuda de los corazones de los fieles en todos sus caminos, para que hagan lo que es bueno en todo tiempo. Esto te lo pedimos en el Nombre de Jesucristo, Nuestro Señor, que vive y reina Contigo y el Padre, Único Dios, ahora y siempre. Amén.

CAPÍTULO X

EL DON DE SABIDURÍA

(Para leer el Sábado a las 6:00 p.m. durante la vigilia de los "Tres Días de Espera", antes del Domingo de Pentecostés).

INTRODUCCIÓN:
*La Sabiduría es el más alto y más privilegiado **don** del Espíritu Santo. Es como un desbordamiento de la Sabiduría increada. San Bernardo lo llama el don sobrenatural del Espíritu Santo, que nos hace conocer a Dios, y regocijarnos en amor perfecto. La Sabiduría no sólo ilumina la mente, sino que inflama el corazón con amor hacia Dios, nos da apetencia por las cosas divinas, y un ardiente deseo de los tesoros celestiales, especialmente un anhelo de poseer a Dios, y verlo cara a cara. Desapega nuestro corazón de los bienes de este mundo, y nos aparta de todo lo opuesto a nuestra meta final. A su luz, podemos ver más y más claramente la nada de las cosas creadas.*

Lectura / Meditación:
Eclesiástico 4, 11-21 y Juan 16, 25-33

EL DON DE SABIDURÍA
(1 Corintios 12, 8-16; Hechos 7, 10; Colosenses 1, 28; 3, 16)
Meditación de Alexis Riaud – L'Action du Saint-Esprit dans nos ames

"De todos los dones del Espíritu Santo, el más noble don, el más precioso, el cual debemos desear más ardientemente y por el que debemos orar más persistentemente, es el don de Sabiduría".

"La Sagrada Escritura nunca se cansa de alabarlo. Allí existe una sabiduría puramente natural, y la historia nos revela que ha habido muchos 'hombres sabios'. Pero aquí estamos hablando de una sabiduría más alta, una sabiduría sobrenatural, uno de los dones del Espíritu Santo".

"San Pablo, especialmente en 1 Corintios 12, 1-11 trata sobre estos dones, y entre ellos menciona la Sabiduría (1 Corintios 12, 8). En 1 Corintios 2, 1-16, él afirma que predica con sabiduría sobrenatural:

> *'Yo no vine a ustedes con una sabiduría particular, sino con el convincente poder del Espíritu. Por lo tanto, su fe no se basa en la sabiduría de los hombres, sino en el poder de Dios... lo que expresamos es la sabiduría de Dios, una sabiduría misteriosa, escondida, planeada por Dios antes de todos los tiempos... Dios nos ha revelado esta sabiduría a través del Espíritu... Nadie conoce qué hay en lo profundo de Dios, sino el Espíritu de Dios. Lo que hemos recibido no es el espíritu del mundo... Hablamos en palabras que nos ha enseñado el Espíritu... el hombre natural no acepta lo que el Espíritu de Dios enseña... El hombre espiritual puede valorarlo todo... Tenemos la mente de Cristo'".*

"Podríamos definir el don de Sabiduría, cuando hablamos de los dones del Espíritu Santo, como una disposición de nuestro intelecto, que lo inclina a estimar y gustar sólo de Dios, y todo lo que en alguna forma está conectado con la gloria de Su Nombre".

"Santo Tomás de Aquino explicaba la Sapientia (sabiduría) como derivada de Sapida Scientia, que significa un conocimiento del cual podemos saborear y encontrar disfrutable".

"Notemos que el don de Sabiduría tiene su asiento en nuestra mente, no en nuestra voluntad. Su objetivo, nos dice Santo Tomás, es Dios, y las cosas divinas primero que todo y principalmente; pero está también relacionado con las cosas de la tierra, tanto en el orden práctico como especulativo, pero con respecto a su relación con Dios".

"El alma que está completamente sujeta y dócil a la acción ejercida por ese don, ya no siente placer por nada si no por Dios, y las cosas que le dan a Él gloria. Todo lo demás, placeres, honores, riquezas, los bienes de la tierra- aparecen a tal alma como cosas de poco valor, y encuentra fácil, y no requiere meditación para estar convencida que 'todo es vanidad', excepto amar a Dios, y servirlo solo a Él. A tal alma esto es como si fuera algo patente".

"Tales personas dóciles, encuentran pesadas y molestas todas las cosas que le gustan a la gente mundana. Por el contrario, ellas aman y se aferran con toda la fuerza de su voluntad, a todo lo que es querido por Dios, aun cuando fuera repugnante al hombre natural".

"El don de Sabiduría, como todas las virtudes y dones sobrenaturales, es infundido en el alma del recién bautizado, junto con la gracia santificante; y debe ser utilizado para beneficio del que lo posee. En los niños, manifiesta su acción por un precoz y particularmente fuerte gusto por todo lo que está relacionado con Dios y la religión. Esto no nos debe asombrar, ya que 'El Señor le da sabiduría a los pequeños,' y generalmente, un niño pone menos obstáculos en el camino de la acción del Espíritu Santo que las personas mayores".

"Más adelante, el don de Sabiduría se muestra a sí mismo en ciertas almas de una manera aun más sensible. Por ejemplo, una persona experimenta un deleite inexpresable al contemplar a Jesús presente en el tabernáculo, o expuesto sobre el altar en el Sacramento de Su Amor".

"El cura de Ars le preguntó a un hombre, que frecuentemente se arrodillaba o sentaba en la iglesia, con los ojos fijos en el Tabernáculo, qué estaba haciendo. Él replicó: 'Yo lo miro, y Él me mira'. Él habló con su corazón, o algunas veces habló unas cuantas palabras, pero estaba lleno de amor en su contemplación del Divino Salvador, realmente presente. Tales personas a menudo experimentan un deleite que 'no es de este mundo'. Y les cuesta mucho dejar su contemplación. Ellas repiten virtualmente lo que Pedro le dijo a Nuestro Señor, en la Transfiguración en el Monte Tabor: 'Señor, hagamos aquí unas tiendas...'"

"Sin embargo, esas experiencias sensibles, aunque muy dulces y benéficas, son solo efectos y manifestaciones imperfectas del don de Sabiduría".

"Cuando un alma ha madurado a través de las pruebas y el sufrimiento de la aridez espiritual, el don de Sabiduría actúa entonces de una manera mucho más espiritual. El intelecto entonces reconoce claramente que Dios lo es todo, que el hombre es nada. Como resultado de esto, hay una firme resolución en la voluntad de vivir solo para Dios, y soportarlo todo para Su gloria y para la llegada de Su reino en su propia alma".

"Teresa de Ávila expresa esto muy bien: 'Tal persona quiere superarse a sí misma, desea consumirse por su Dios, aun cuando se le pida pasar por grandes sufrimientos. Vive en un estado de profundo olvido de sus propios intereses, y parece estar vaciado de sí mismo. Todo en tal persona es por el honor de Dios, por un perfecto cumplimiento de Su Voluntad'".

"Benditos aquellos que han alcanzado ese grado de desapego y de auto-abnegación. Ellos pueden repetir con San Pablo: 'Yo vivo, pero no soy yo quien vivo, es Cristo Quien vive en mí' por Su Espíritu".

"Oh Espíritu de Sabiduría, dígnate encender el fuego de Tu amor en mi corazón, y haz que Tu Luz Divina eche afuera de mi mente la oscuridad. Que yo pueda estar aún más íntimamente unido, a través de Ti, a mi Salvador Jesucristo. Concédeme que siguiendo Su ejemplo, ¡ yo ya no aspire ni viva por nada que no sea la gloria del Padre! Amor del Padre y del Hijo, Fuego Divino, consume en mí todo lo que todavía se opone al Reino de la Divina Sabiduría. ¡Concédeme que pueda librarme de todo pensamiento equivocado, que ponga todas mis complacencias solamente en Dios y pueda así completar en mi alma todo lo que fue planeado por la Divina Misericordia!"

Oraciones de Intercesión.
El Don de Sabiduría

1. **Por los líderes de la Iglesia:**
   Bendice a nuestro Papa, Obispos y clero, con **Tu divino don de Sabiduría**, oh Espíritu Santo. Que este don perfecto refuerce su fe, fortalezca su esperanza, perfecciones su caridad, y los impulse a practicar las virtudes al máximo grado, te rogamos, Espíritu Santo.

2. **Por los líderes mundiales:**
   Cubre a nuestros líderes con **Tu divina Sabiduría**, oh Don de Dios Altísimo. Somete en ellos la falsa sabiduría del mundo y abre sus mentes a la confianza de la Ley de Dios. Inflama sus corazones con el amor a Dios, a través del **fuego de Tu Sabiduría**; y haz que atesoren poseer lo que es más valioso, es decir Dios, y el verlo cara a cara, te rogamos, Espíritu Santo.

3. **Por los fieles cristianos:**
   Dota a la familia Cristiana con **Tu santo don de Sabiduría**. Permite que Tu Divina Luz, ilumine sus mentes, e inflame sus corazones con el amor a Dios. Que ardan en deseos por las cosas Celestiales y crezcan perfectamente en el Amor a Dios, te rogamos, Espíritu Santo.

4. **Por todos los países en guerra:**
   ¡Ven Espíritu de Sabiduría! Ven y sé la luz de mundo. Haz que todos los hombres conozcan el verdadero sentido de la existencia. Permite que todos los hombres valoren el don de la vida, y se despojen de toda soberbia y amor propio, que podrían iniciar la guerra en el mundo. Reconcilia a los hombres entre sí; y hazlos comprender que son una única familia- un pueblo de Dios; y una nación para Dios, es decir, la Tierra. Derrama **Tu don de Sabiduría** sobre los hombres, para que se logre la paz y el fin de las guerras, te rogamos, Espíritu Santo.

5. **Por todos los que estamos esperando aquí:**
¡Ven Divino Espíritu de Sabiduría! Ven y llena los corazones de los fieles que estamos esperando por Ti. Derrama sobre nosotros el **don de la Sabiduría**. Que apreciemos la Cruz de Cristo, y podamos ver con los ojos de la Sabiduría, el valor que tiene el camino estrecho. Mantén la Ley de Dios viva y activa en nuestros corazones. Guíanos a la verdad completa, te rogamos, Espíritu Santo.

Oración final (por el sacerdote):
Ven, oh Bendito Espíritu de Sabiduría, ven con Tu luz y poder. Ilumina a todas las almas para que puedan ver el poder y la belleza de Tu santa Ley. Enseña a todos los corazones a amar Tu Ley y vivir por ella. Esto te lo pedimos en el Nombre de Jesucristo, Nuestro Señor, que vive y reina Contigo y el Padre, Único Dios, ahora y por siempre. Amén

CAPÍTULO XI

LOS FRUTOS DEL ESPÍRITU SANTO

(Para leer y meditar durante la vigilia de los "Tres Días de Espera" a las 10:00 a.m. del Sábado (Caridad y Gozo hasta Longanimidad) y a las 7:00 p.m. del Sábado (Bondad y Benignidad hasta al final de este capítulo).

LOS FRUTOS DEL ESPÍRITU SANTO
Meditación de Alexis Riaud – L'Action du Saint Esprit dans nos ames

CARIDAD Y GOZO

"Si el Espíritu Santo ha puesto en nosotros la maravillosa disposición, es decir, las virtudes y los dones, es con el fin de que demos mucho fruto, de acuerdo con las enseñanzas de Jesús a Sus discípulos: 'Mi Padre encuentra su gloria en esto: que ustedes produzcan mucho fruto...' (Juan 15, 8). 'Ustedes no me escogieron a Mí. Soy Yo quien los escogí a ustedes, y los he puesto para que vayan y produzcan fruto, y ese fruto permanezca...' (Juan 15, 16). 'Cada árbol que no da buen fruto será cortado y echado al fuego.' (Mateo 3, 10, 7:19). 'Mi Padre es el Viñador. Él corta toda rama que no produce fruto'" (Juan 15, 2).

"Esto muestra cuán equivocados están los que piensan que la perfección Cristiana consiste solamente en no pecar, en no hacer nada incorrecto. Nos hemos convertido en miembros vivos de la Vid Mística, por la gracia del Bautismo. Así que estamos llamados a dar frutos para la vida eterna".

"La primera condición para lograr ese propósito es morir a

nosotros mismos, mortificando nuestro amor propio egoísta, y toda tendencia descontrolada: 'El que quiera seguirme, que renuncie a sí mismo...'(Mateo 16, 24). Después de eso, él debe permanecer en Cristo, Quien es la Vid Mística, como un miembro vivo, una rama llena de vida: 'El que permanece en Mí, da mucho fruto...'" (Juan 15, 4-5).

"Y habrá frutos en abundancia y más sabrosos, en las ramas que se dejan ser podadas y limpiadas por el Divino Viñador, esto es, aceptando generosa y amorosamente, todas las pruebas y humillaciones que el Señor permite que tengan" (Juan 15, 2).

"¿Pero cuáles son estos frutos, que el Divino Viñador tanto desea recoger de Su viña?"

"En su Carta a los Gálatas, San Pablo menciona estos frutos así: 'Los frutos del Espíritu Santo son: **caridad, gozo, paz, paciencia, longanimidad** (paciencia en el sufrimiento), **bondad, benignidad** (buen corazón, caridad hacia los necesitados), **mansedumbre** (docilidad, humildad), **fidelidad** (lealtad, honestidad, o veracidad), **modestia, templanza** (moderación, continencia), y **castidad.**' (Gálatas 5, 22). Esto significa, de acuerdo a Santo Tomás, el Doctor angélico, todas las buenas obras que hacen un alma agradable a Dios".

Caridad

"El primer fruto del Espíritu Santo, es un inmenso amor por el Padre, por Jesús, y por el Espíritu Santo. Es un amor no necesariamente sentido, pero intensamente querido. De hecho, el amor en una persona fervorosa, es mucho más intenso cuando es menos sentido y menos sentimental, (sino más bien un acto de la mente y la voluntad)".

"Esto no sorprende, porque el Espíritu Santo es amor sustancial, que une al Padre con el Hijo, amor del Padre hacia el Hijo, y amor del Hijo hacia el Padre".

"Por medio del Bautismo, hemos sido hecho miembros del Cuerpo de Cristo; hemos llegado a ser uno con Cristo, el Hijo de Dios, en

Él, con Él, y por Él; por lo tanto, herederos del Padre con Él".

"Cuán grandemente lo glorificamos por ese amor que es completamente libre de "sensibilidad", y por lo tanto no contiene ninguna referencia a uno mismo. Ese fruto es delicioso al Corazón del Padre, porque es muy santificador para nuestras almas".

"Si entendemos esto apropiadamente, lejos de desear consuelos y dulzuras sensibles, bendeciríamos al Señor por permitirnos caminar por los caminos de la aridez y sequedad espiritual".

"Este fruto incomparable, trae consigo otro más. No podemos amar a Dios verdaderamente, sin amar a nuestro prójimo. San Juan nos dice explícita y fuertemente: 'Él que dice: yo amo a Dios, y odia a su hermano, es un mentiroso. ¿Cómo puede amar a Dios a quien no ve, si no ama a su hermano a quien ve?'" (1 Juan 4, 20).

"¿Cuál es la razón para esa imposibilidad? Somos uno en Cristo, somos en cierto sentido, Cristo mismo, de acuerdo a la fuerte expresión de San Agustín (Ipse sumus nos). Por lo tanto, no amar al prójimo, no amar a nuestros hermanos, es equivalente a no amar a Cristo: y entonces, no amamos al Padre, ni al Espíritu Santo".

"Es por eso que Él quiere que nos amemos los unos a los otros como El mismo nos ha amado; esto es, con el amor con que Él ama a su Padre – un amor inmenso y profundo. Esto lo enfatiza Nuestro Señor, llamándolo 'Mi precepto... Mi nuevo mandamiento' (Juan 13, 34). Y El añade: 'Es por esta señal que serán reconocidos como Mis discípulos'" (Juan 13, 35).

"Esto, entonces es algo fundamental, que debemos vivir y recordar constantemente: debemos amarnos unos a otros con un amor de buena voluntad, que es puro, santo, como el de Cristo, animado por Su Espíritu Santo de amor. Tal vez seamos incapaces de gustar de todos: pero podemos tener la voluntad de alegrarnos de las cosas verdaderamente buenas que encontramos en nuestro prójimo. Cuando vemos el mal en nuestro prójimo, pecados e imperfecciones, debemos mirarlo como lo hizo Cristo, el buen Samaritano, el compasivo Buen Pastor".

"¿Acaso no hubiéramos tomado el mismo camino del mal que nuestro prójimo, si hubiéramos crecido en las mismas circunstancias que ocasionaron la maldad que encontramos en él? Cristo murió por todos, y gritó: 'Padre, perdónalos.'"

"Ese entonces, es el primer fruto que el divino Viñador espera cosechar de Su viña, el cual el Espíritu Santo, al calor de Su amor, hará que madure en nosotros, que somos las ramas. El segundo fruto, nos dice San Pablo, es la Alegría".

Gozo

"Gozo es la satisfacción que sentimos cuando nuestra voluntad está colmada y descansa en la posesión de la cosa o persona amada. Un niño está lleno de gozo cuando se le da el juguete que había deseado".

"Nuestro Padre Celestial quiere que la rama de Su Viña Mística produzca este fruto que es particularmente deseado por Su Corazón. Ese Padre amoroso y misericordioso, quiere que el gozo también more en los corazones de Sus hijos. No hemos sido creados para la tristeza, y cuando Su Hijo vino al mundo a través del Espíritu Santo y María, Él no trajo noticias de gran pesar. San Pablo, también, nos trae noticias de gran gozo y nos pide: 'Alégrense en el Señor siempre; les repito: alégrense.' (Filipenses 4. 4) y como dice el himno, '...Alégrense siempre en el Señor, les digo: Alégrense".

"Nuestra alegría sobre la Tierra es siempre imperfecta. La alegría y la felicidad perfectas, están reservadas para el Cielo. Juan en el libro del Apocalipsis, escuchó (y vio) el signo bendito (de la victoria de Cristo sobre la bestia y los reyes de la Tierra); alegrémonos y estemos contentos, y démosle a Él gloria" (Apocalipsis 19, 20).

"Pero ya en esta Tierra debemos estar alegres. Se ha dicho mucho que un santo triste es un triste santo. Los pesares son inevitables en este mundo nuestro, el cual ha sido descrito como un valle de lágrimas... pero estas penas no quitan la verdadera alegría Cristiana, que solo se madura por las ellas, y adquiere un valor especial a los ojos de Dios".

"La hermana carmelita, María Angélica de Jesús, escribió poco antes de su muerte santa, en 1919: ' Me parece que Jesús ha hecho mi alma un alma alegre... Esto no significa que no la exprima con gran sufrimiento... pero soy feliz en medio del sufrimiento. El buen Dios, me hace encontrar la felicidad por doquier. Es verdad que este gozo sólo viene de Él".

"Sin embargo, ella no esperaba pasivamente para recibir esta gracia Celestial: ' Yo trato de estar siempre sonriente, porque sé que cada sonrisa que sea contraria a nuestra natural inclinación, está en maravillosa armonía con los deseos del Corazón de Jesús".

"Santa Teresa de Liseux había escrito un tiempo antes que ella: 'He encontrado felicidad y gozo en la Tierra –sí, felicidad y gozo– pero solamente en el sufrimiento, porque he sufrido mucho".

"Eso nos demuestra que no es cuestión de alegría sensible, o meros sentimientos de gozo. Los sentidos por sí mismos, no pueden experimentar todo el gozo espiritual, que como una caridad sobrenatural, reside en la voluntad. El gozo del que estamos tratando aquí, es un reposo de la voluntad, cuando un alma posee a Dios a través de la fe, y en un amor que es inmenso, purísimo y profundo, y como hemos dicho antes, es mucho más intenso cuando es menos sentido, menos 'sentimental'".

"Como ha escrito San Juan de la Cruz – la contraparte de Santa Teresa de Ávila: 'El hombre verdaderamente espiritual, busca a Dios en la aflicción y no en los deleites. Él prefiere el sufrimiento a la consolación, la privación de todo lo que es bueno a los placeres, aridez y aflicciones a dulces comunicaciones del Cielo, porque se da cuenta que esto significa seguir a Cristo y practicar la renuncia a sí mismo'" (Subida, pp 144-145).

"Regocijarse durante las pruebas, sonreír en medio del sufrimiento – como fue hecho por Teresa – cantar en el corazón, cantar siempre y aún más melódicamente cuando las espinas son más largas y más punzantes, ni siquiera revelar la propia tristeza a compañeros: y hacer todo esto – no por orgullo – sino animados por el amor, a fin de poder ofrecer a Jesús y a Su Padre, una florecita insignificante, que exhala un delicioso perfume, es el objetivo de un alma consagrada. Unimos esto (el sufrimiento) con el amor, el fruto que el Viñador desea recoger de las ramas de la Vid Mística, el cual solamente el Espíritu Santo es capaz de producir en nosotros".

"Es claro, por supuesto, que tal amor y tal gozo presuponen en el alma el **Espíritu de Sabiduría,** y el **Espíritu de Entendimiento, de Conocimiento y el Espíritu de Fortaleza, Espíritu de Piedad, y de Temor de Dios".**

"Es por esto que debemos rogar al Espíritu Santo que tome aún más completamente nuestra alma, todas nuestras facultades, todo nuestro ser, para que vivamos solamente como movidos por Su inspiración divina, y seamos capaces de dar fruto abundante, para la mayor gloria de Dios".

"Espíritu Santo, Dios de Amor, que fortaleces y alegras las almas de Tus hijos, en Tu infinita misericordia, concédenos que seamos las ramas más fructíferas, para que después de glorificar al Padre y al Hijo en este mundo con una vida santa, podamos, a través de Ti, seguir alabándolos por siempre, junto con María, los Ángeles y Santos. Amén".

Paz

"La caridad y el gozo, que son los primeros frutos del Espíritu Santo, traen consigo una inefable e inalterable **Paz,** que es el tercero de los frutos del Espíritu Santo mencionados por San Pablo en su carta a los Gálatas (5, 22-23). Esta es la clase de paz que el Apóstol desea tan ardientemente para los primeros Cristianos: 'Que la paz de Cristo reine en vuestros corazones'" (Colosenses 3, 15).

"Consideremos entonces la naturaleza de esa paz y su importancia, lo mismo que los medios a nuestro alcance para encontrarla y conservarla en nuestras almas".

"Paz significa tranquilidad; pero debemos estar en guardia para no concluir que cualquier clase de tranquilidad constituye verdadera paz. Porque existe una falsa tranquilidad, una engañosa semejanza de seguridad; está la falsa paz de que habla la Escritura, la paz de pecadores empedernidos, que ya no sienten el dolor del remordimiento; ' la paz de los pecadores' (Salmo 73); ellos dicen: 'paz, paz, y ellos no conocen la verdadera paz' (Jeremías 8, 11). Esa clase de paz, a menudo cubre una multitud de miserias, 'ellos a tan grandes males, les dan el nombre de paz'" (Sabiduría 14, 22).

"Esa falsa paz se parece a la impresión experimentada algunas veces por gente que está muriendo, y que produce en ellos la ilusión que están en vías de recuperación, cuando en realidad, ese bienestar momentáneo es solamente el inicio de la muerte, y el resultado de la insensibilidad que afecta más y más a todo el organismo".

"Que Dios nos libre de esa clase de paz, que podría gustar a nuestro amor propio, pero que es tan peligrosa para las almas. El Venerable Libermann lo expresó muy bien cuando escribió: 'No hay desgracia mayor que ser un desgraciado y no sospecharlo siquiera'".

"Esa falsa paz es la paz del desorden, como la paz que existe en una familia en la cual los padres ceden a todos los caprichos de sus hijos, y siguen la 'regla' de la total permisividad, bajo el pretexto de que entonces 'tienen paz'. Es como permitir que ladrones y asesinos operen libremente en una ciudad, bajo el pretexto de que, en una democracia, ' a todo el mundo se le debe permitir hacer lo que quiera'. ' ¡A tal y tan gran mal, llaman paz!' (Tot et tam magna mala pacem appellant). Es acerca de esa falsa paz del mundo que Jesús dijo: ' No he venido a traer paz a la tierra, sino la espada'" (Mateo 10, 34).

"La verdadera paz, por el contrario, es la 'tranquilidad del orden' como bien la definió San Agustín. Es verdadera tranquilidad, porque hay orden; existe la apropiada disposición de todas las cosas, en vista de obtener un buen fin. Cristo, Nuestra Señora, innumerables Santos, tuvieron esa clase de orden y tranquilidad, ¡esa clase de paz! (Un santo declaró: 'el orden es la primera regla del Cielo'. Sin él, no hay paz)".

"La verdadera paz es como el bienestar que resulta de un organismo que disfruta de perfecta salud, como la tranquilidad que reina en una familia en la cual los hijos son enteramente obedientes a sus padres, los cuales a su vez, llevan una vida ejemplar".

"Esa verdadera paz requiere de un elemento duplicado: un elemento negativo – la ausencia de dificultades, que es exactamente lo opuesto a la paz, y un elemento positivo – la quietud de la voluntad, que disfruta la posesión estable de bien deseado".

"Este es precisamente el estado del alma que está totalmente entregada, completamente rendida a la acción del Espíritu Santo, porque ¿qué hay que podría preocupar o perturbar un alma así?"

"Alguien podría decir: '¿Acaso Cristo no estuvo perturbado durante Su agonía en el Huerto?' Jesús había aceptado experimentar el sufrimiento y los pesares humanos, pero nunca perdió Su Paz: 'No lo que Yo quiera, sino lo que Tú quieras; y dijo a los Apóstoles: 'Vámos' – y sobre la Cruz, Él permaneció sin perturbarse, en lo profundo de Su Voluntad. Él lleno de paz, perdonó al buen ladrón, y pidió perdón para todos. Por último, en el tiempo que Él escogió, entregó Su Espíritu".

"Así que volvemos a preguntar: ¿Qué puede inquietar a un alma que está totalmente entregada a la acción de Espíritu Santo? ¿Enfermedades? ¿Dolencias? Tal persona sabe que todo lo que es permitido por el Infinitamente Amoroso Padre Celestial, puede y debe servir para Su gloria, y puede servir para el bienestar eterno del sufriente".

"¿Muerte? La muerte puede ser aceptada con amor, como lo hicieron Santa Teresa de Lisieux y otros incontables Cristianos. No es el fin de la vida, pero puede ser el inicio de una vida bendita – una vida que disfrutan ahora innumerables Santos en el Cielo". Así que podemos enfrentar la muerte devotamente, con valor cristiano, como lo hizo Cristo".

"¿Humillaciones? No hay duda que pueden ser muy dolorosas. Teresa de Lisieux, como Teresa de Ávila, aprendieron que las humillaciones son las gracias más preciosas que el Salvador concede a las almas queridas por Él.

Las sintieron agudamente, pero, al mismo tiempo, según el ejemplo de San Pablo, se llenaron de gozo porque la aceptación de las humillaciones era un medio maravilloso de profesar su fidelidad a Jesús. Ella recordaba las palabras del Salvador: 'Dichosos ustedes cuando por causa Mía, los maldigan, los persigan y les levanten toda clase de calumnias. Alégrense y muéstrense contentos, porque será grande la recompensa que recibirán en el cielo. Pues bien saben que así trataron a los profetas que hubo antes que ustedes'" (Mateo 5, 11-12).

"Esto fue lo que Teresa de Ávila aprendió tan bien a descubrir y valorar como una maravillosa fuente de gozo".

"¿Qué sucedía con la sequedad, aridez, distracciones y toda clase de tentaciones, que venían a asaltar a la 'pequeña flor' en su vida interior? Ella también, como la Santa de Ávila, bajo la influencia del **don de conocimiento**, llegó a entender, con San Juan de la Cruz, que el sufrimiento era mejor para ella que la consolación, la amargura mejor que el deleite, la privación mejor que el disfrute, la sequedad y la desolación preferibles a las comunicaciones con el Cielo".

" La pequeña Teresa quería cantar acerca de esa gozosa preferencia, cantar acerca de ella siempre, y cantar más melodiosamente cuando las espinas eran más largas y más dolorosas. Las almas devotas como ella, como San Pablo, y como innumerables almas ya benditas en el Cielo, desean poner toda su alegría en el sufrimiento sobrellevado en ese Espíritu de Cristo. Están muy gozas porque (juntas) pueden dar a luz en el dolor, a numerosas esposas del Divino Esposo".

"Tales almas, ni siquiera se preguntan si esa aridez y desolación les fueron concedidas como castigo por sus infidelidades. Como la pequeña Teresa, ellas quieren regocijarse en su sufrimiento, y en algún caso, hacer reparación, si fuera necesario, por su propia negligencia, o por lo menos para contribuir, en unión con Jesús, a la mayor gloria del Padre, y la salvación del mundo".

"En otras palabras, nada puede perturbar a un alma verdadera y totalmente entregada al Espíritu Santo. Las pruebas pueden indudablemente, producir una cierta agitación superficial, pero tal perturbación es para el alma, una ocasión para humillarse a sí misma, para gustar de su debilidad, y muy profundamente en sí misma, tal alma disfruta de una profunda paz, que nada puede cambiar: 'la paz de Dios que sobrepasa todo entendimiento'" (Filipenses 4, 7).

"Tal alma se da cuenta de que posee al único Dios, con el cual está totalmente vinculada. Sabe que posee a Dios, y sabe que es amada por Él, 'aún hasta la locura', y está lista para exclamar con San Pablo: '¿Quién nos separará del amor de Cristo? ¿Las pruebas o las angustias, la persecución o el hambre, la falta de ropa, los peligros o la espada? Como ya lo dice la Escritura: por Tu causa nos arrastran continuamente a la muerte; nos tratan como ovejas destinadas a la matanza. No, en todo esto, triunfaremos por la fuerza del que nos amó. Estoy seguro de que ni la muerte, ni la vida, ni los ángeles...ni criatura alguna, podrá apartarnos del amor de Dios, que encontramos en Cristo Jesús, Nuestro Señor'" (Romanos 8, 35-39).

"Tal alma está llena de paz cuando está totalmente entregada a Él, que es el centro de todas las cosas, y tiene solamente un temor: el temor de ofender a un Padre tan bueno. Posee un completo orden. ¿Cómo sería posible para un alma así, no disfrutar de tranquilidad, la cual necesariamente surge de una apropiada disposición en relación a Dios y a las creaturas? ¿Cómo sería posible no tener una verdadera y profunda paz?"

"!Inmensurable es la felicidad que disfruta un alma que experimenta esa paz interior, que es un gozo anticipado de la eterna y celestial paz!"

"Es esa clase de paz la que Nuestro Señor deseaba para Sus discípulos al final del día perfecto de Su Resurrección, cuando dijo: ' ¡La paz esté con vosotros! El había dicho antes: 'Mi paz esté con vosotros': ¡Qué diferente es la paz de Cristo, de la que los mundanos tratan de dar!"

"Esa es la clase de paz que la Sagrada Escritura nos pide buscar constantemente: 'Busca la paz, anda tras ella'" (Salmo 34, 14).

"Esa era la paz que los ángeles anunciaron cuando cantaron en Belén, y que los Apóstoles Pedro y Pablo constantemente deseaban a los fieles al principio de sus cartas: 'Gracia y paz a ustedes de parte de Dios Nuestro Padre, y de Nuestro Señor Jesucristo' (Filipenses 1, 2). Después de todo, esa paz es esa condición necesaria para que florezca perfectamente en nosotros la gracia".

"Esto lo sabe muy bien el demonio. Es por eso que busca perturbar las almas por todos los medios posibles, particularmente las de aquellos consagrados a Dios. Ese es el propósito inmediato de sus esfuerzos. Un alma perturbada, se inclina a ceder a la tristeza y a centrarse en sí misma. Esto le impide desdoblarse bajo el sol del Amor Divino, y por consiguiente, le impide glorificar a Dios como debería".

"Un gran medio de sobreponerse a las perturbaciones y derrotar al demonio, es revelar esta condición con toda humildad, al confesor. Esto sirve para remover lo que está impidiendo que las ramas fructifiquen. Este es un medio muy eficaz, porque desagrada al demonio, que es el espíritu de la soberbia: y más eficazmente remueve los obstáculos que hay en el camino de la obra del Espíritu Santo en las almas".

"Finalmente, la paz se fortalecerá hasta el punto que nos aplicaremos con más fidelidad a la menor de las inspiraciones de la gracia, y estaremos más ansiosos por cumplir lo que agrada a Dios en los más pequeños detalles. 'Mucha paz a aquellos que aman Tu Ley,' el Salmista nos hace cantar (Salmo 119, 165)".

"La paz es el fruto de la santidad y del temor filial: 'Las obras virtuosas traerán paz' (Salmo 37. 37). ¡Bendita el alma fervorosa! 'Yo descenderé sobre ella como un río de paz'" (Isaías 66, 12).

"Espíritu Santo, Dios de Amor y Paz, yo te adoro a Ti, presente en mi corazón, y te imploro establezcas Tu Paz en mí; la Paz que Jesús tan amorosamente deseaba a Sus Apóstoles después de Su Resurrección; la Paz que es la condición para la vida en intimidad con Cristo y con el Padre; la condición que es también la culminación de tu acción santificadora en las almas".

"Te ruego, Espíritu Santo, a través de la intercesión del Inmaculado Corazón de María, Tu Santísima Esposa y Reina de la Paz, que me concedas humildad de corazón, y perfecta fidelidad a Tu santas inspiraciones, a fin de que después de experimentar Tu Divina Paz en este mundo, yo pueda, a través de Ti, disfrutarla completamente por toda la eternidad en el Cielo. Amén".

PACIENCIA Y LONGANIMIDAD

"Hemos tratado con los **frutos de amor, alegría y paz**: son el efecto de bienes inefables, que son el resultado en el alma, de los **dones del Espíritu Santo**. En la vida actual sobre la Tierra, sin embargo, somos incapaces de disfrutar – al menos por largo tiempo y de una manera estable – de una felicidad que podría llamarse perfecta".

"Esta vida es un tiempo de prueba, y nuestra alma debe ser probada a través del sufrimiento, como el oro se prueba en el fuego. Nuestro Señor, aunque era la santidad personificada, había escogido una vida que, de acuerdo al autor de la **Imitación de Cristo**, era totalmente cruz y martirio. El quería animarnos con Su ejemplo, a aceptar con amor la prueba de la vida presente. Él no quiso eximir de eso ni aún a Su Santa Madre, a quien llamamos a veces, Madre Dolorosa, por la misma razón".

"Es por eso que San Pablo menciona entre los dones del Espíritu Santo, la paciencia, o soportar pacientemente, y la longanimidad, que hacen al alma actuar apropiadamente bajo la adversidad".

Paciencia

"La paciencia con la que tratamos aquí, es una virtud sobrenatural, que nos hace soportar sufrimientos físicos y morales con ecuanimidad (compostura), por amor a Dios y en unión con

Nuestro Señor".

"El Padre Tanquerey ha dicho bien: 'Todos sufrimos lo suficiente para hacernos capaces de ser santos, pero el problema yace en saber como aceptar y abrazar el sufrimiento como deberíamos hacer. Muchos se quejan cuando sufren, algunos reniegan y algunas veces incluso maldicen a la Divina Providencia'. La razón es que no entienden el bien, las bendiciones que pueden ocasionar el sufrimiento. Son incapaces de sufrir con paciencia. ¡Qué contraste con San Juan de la Cruz, o el Venerable Libermann, que sufrieron la mayor parte de sus vidas, y millones de otros que habían escogido seguir al sufriente Salvador!"

"Es por eso que San Pablo nos exhorta constantemente a practicar esa virtud: 'Revístanse a sí mismos...con paciencia.' (Colosenses 3, 12-13). Leemos también en Hebreos 10, 36: 'Necesitan paciencia para cumplir la voluntad de Dios.' Y Nuestro Señor insistentemente urgía a los Apóstoles a practicarla".

"El objetivo de esa virtud, como hemos dicho, son los sufrimientos físicos y morales: sufrimientos físicos que vienen de enfermedades, debilidad, accidentes...sufrimientos morales, que a menudo son más dolorosos, y en almas fervorosas, son ocasionalmente ocasionados – entre otras cosas- por la vista de sus propias faltas y defectos, que reaparecen constantemente a pesar de sus bellas resoluciones".

"Estoy hablando aquí de faltas en almas fervorosas, cometidas sin completa deliberación. Porque con la ayuda de la Divina Gracia, es siempre posible para ellas evitar las faltas completamente deliberadas, y estas, por supuesto, son evitadas por tales almas. ¿Por qué le sería rehusada esa gracia a tal alma, cuando Dios desea tan ardientemente nuestra santificación? Respecto a nuestras faltas por debilidad, de las cuales nos gustaría librarnos, el Padre Celestial algunas veces nos deja experimentar nuestra debilidad por largo tiempo, aun por toda la vida. A pesar de nuestra oración, nuestras resoluciones, nuestra redoblada vigilancia, y después de algunos éxitos temporales, nos encontramos que volvemos a estar como al principio. Un alma fervorosa se siente más dolida a la vista de su inhabilidad para sobreponerse a su debilidad, porque se da cuenta de que su prójimo está sufriendo a causa de sus imperfecciones. Es entonces que puede ser tentada a quejarse, a refunfuñar contra la Providencia, a ceder a sus feas inclinaciones; bajo el pretexto de que es inútil, y que el ideal que se había propuesto a sí misma es inalcanzable".

"Es en ese momento que el alma debe recordar la comparación con el niño pequeño de que hablaba Sta. Teresa del Niño Jesús. Sin apenas poder sostenerse en sus piernecitas, el niño trata sin embargo de subir las escaleras para alcanzar a su madre, cuando ni es capaz de alcanzar el primer peldaño".

"El alma, iluminada por los **dones de Conocimiento, Entendimiento y Consejo,** sabe que es absolutamente impotente, a menos que el Divino Espíritu venga en su ayuda. El Espíritu Santo de ninguna manera se asombra al contemplar los esfuerzos".

"Por otro lado, el alma sabe que es la Voluntad de Jesús y de su Padre Celestial, que aún en esta vida, debe alcanzar la cima de la santidad y que es únicamente a través de la acción del Divino Espíritu que conseguirá su objetivo. Sabe que el Espíritu Santo no fallará en cumplir en ella su obra santificadora, tan pronto como el alma esta dispuesta a dejarse mover por El; y eso es a través de una más clara consciencia de su impotencia y su miseria, de su inhabilidad de hacer algo por sí misma, que se debe disponer apropiadamente a recibir esa acción Divina".

"Por eso es que tal alma ya no se asombra cuando ve la aparente inutilidad de sus esfuerzos. Pero persevera en la lucha, y continuará con esos esfuerzos mientras le plazca a Dios no remover su debilidad. Se siente segura de que vendrá el tiempo cuando el Padre Celestial, en Su Divina Misericordia, la librará para siempre de su enfermedad espiritual. Mientras tanto, como Santa Juana de Arco, luchará generosamente, a pesar de derrotas temporales, firmemente convencida de que triunfará al final, a través de la bondad de Dios".

"En cuanto a los motivos que hacen que las almas soporten el sufrimiento con ecuanimidad, esto es, sin amarguras hacia Dios o alguien más, ellos son totalmente sobrenaturales y dignos de aprobación por el Espíritu Santo que examina estas almas".

"El alma se somete, no solamente porque es necesario resignarse y porque rebelarse sería irrazonable – un motivo que es bueno, pero pertenece al orden natural; ni se somete únicamente a fin de expiar sus faltas y merecer el Cielo- un motivo que es más espiritual, aunque interesado. Más bien esa alma acepta su suerte, su condición, movida –aunque no únicamente- por el amor. Está contenta porque Nuestro Señor se digna utilizarla como *humanite de surcroit* (una humanidad sobrante), para usar las palabras de Isabel de la Trinidad, o como la 'quinta rueda de un vagón.' Como lo expresa un proverbio flamenco: 'El alma sufriente está contenta, porque Nuestro Señor aparentemente desea continuar-en esa alma, en ese cuerpo, en ese corazón- Su obra redentora para gloria de Su Padre y para la salvación de numerosas almas".

"Como San Pablo, el alma se regocija porque ha sido llamada 'a completar lo que falta a los sufrimientos de Cristo, por Su Cuerpo, la Iglesia'" (Colosenses 1, 24).

"Es un hecho que Jesús continúa viviendo en la Tierra, en los miembros de la Iglesia que fundó, a la cual tenemos el indecible privilegio de pertenecer. Sus méritos son nuestros méritos, porque Sus sufrimientos, Su amor, y Su perfecta obediencia han llegado a ser posesión nuestra. Así mismo nuestros sufrimientos son también Suyos, y a través de ellos, Él no cesa de glorificar a Su Padre, y traer la salvación a los hombres".

"!Qué consuelo para un alma fervorosa, darse cuenta de que es Jesús Quien sufre en ella, Quien es humillado en ella, Quien es tentado por Satanás, como Él mismo fue tentado en el desierto y durante Su Pasión! Cuando se tiene eso en la mente, todas las pruebas, las que sean- aún las más humillantes- se vuelven atractivas y deseables, no por sí mismas, naturalmente, sino porque son para nosotros una ocasión de participar en la Pasión de Nuestro Salvador".

"Como lo expresó Santa Teresa de Lisieux: 'Benditos los corazones puros, ellos son frecuentemente envueltos en espinas, ellos son... favoritos'. Con San Pablo, Santa Teresa y otros incontables santos, nos dejan devotamente aprender a apreciar el incomparable valor y fecundidad del sufrimiento en toda forma. Lejos de molestarnos por eso, démosle, con la ayuda de la gracia de Dios, la bienvenida con gozo espiritual, y aún con una sonrisa, como lo hizo Teresa, y como habló el venerable Libermann de su 'amada enfermedad' (epilepsia)".

Longanimidad

"Lo que hemos dicho sobre la paciencia, podemos decirlo hasta cierto punto también sobre la longanimidad. La longanimidad, de acuerdo a Santo Tomás de Aquino, es la virtud sobrenatural que nos hace esperar por la realización en nosotros de los designios de misericordia y santificación de Dios con respecto a nuestras almas, con ecuanimidad, es decir, sin quejas ni amargura".

"Un alma que ha sido iluminada por el Espíritu Santo, no tiene dudas acerca de los designios misericordiosos de Dios para ella. Sabe que Dios quiere que sea 'una Santa, y una gran Santa.' Frecuentemente recuerda las palabras de Cristo a los Apóstoles: 'Sed perfectos como vuestro Padre Celestial es perfecto'".

"El alma sabe que Dios no desea más que completar en ella Sus infinitamente misericordiosos designios. Allí tenemos la obra del Espíritu Santo, del Padre y del Hijo. El papel del alma es esperar contra toda esperanza. Es esforzarse perseverantemente para lograr la perfección a la que ha sido llamada, sin esperar alcanzar la meta confiando solamente en sus propios esfuerzos. Pero se da cuenta que en sus intentos desea solamente complacer al Padre Celestial, manifestarle a Él su buena voluntad, y su ardiente deseo de responder apropiadamente a sus amorosos designios que ya hay en su vida; y espera pacíficamente la hora de Dios".

"A tal alma no le importa ser repetidamente infructuosa. Ella sabe que la hora de Dios llegará y que entonces el Espíritu Santo llevará a cabo lo que años de aplicación y lucha fueron incapaces de conseguir".

"La longanimidad aparece a nosotros, por lo tanto, como la flor, como el total florecimiento de la virtud de esperanza en un alma que se ha rendido totalmente al Espíritu Santo. Siente una seguridad, una certeza, de que a través de la misericordia de Dios, todos Sus designios respecto a ella, serán cumplidos en el tiempo previsto por Él. Tal alma, a causa de esa certeza, disfruta de paz, la cual nada podrá turbar".

"Aquí, una vez más, estamos en la presencia del 'Caminito' de Santa Teresa del Niño Jesús. Esto es normal, porque es un caminito inspirado por el Espíritu Santo, Quien no puede contradecirse a Sí mismo".

Sigamos entonces ese camino con confianza y perfecto abandono infantil a Dios. No permitamos que las fallas, las dificultades nos depriman. Descansando en las promesas Divinas, luchemos con valentía, sintiendo la certeza de que seremos victoriosos en el tiempo designado por la Divina Providencia".

"Espíritu Santo, concédenos esa paciencia y longanimidad que son tan necesarias para nosotros durante las pruebas de esta vida. Y después de concedernos las gracias para entender mejor nuestra pobreza y nuestra nada, dígnate llevar a cabo en nuestras almas los designios de la misericordia de Dios para nosotros, para gloria de la Santísima Trinidad y por toda la eternidad. Amén".

BONDAD Y BENIGNIDAD

"Hemos enumerado los frutos del Espíritu Santo, que perfeccionan al alma en sí misma. El Apóstol ahora trata con aquellos que nos disponen apropiadamente respecto a nuestro prójimo y a la fidelidad" (Gálatas 5, 22).

Bondad

"La bondad, de la cual nos habla San Pablo aquí, es una disposición sobrenatural de la voluntad, que nos inclina a querer toda suerte de bien para los otros".

"El alma que está enteramente entregada a la acción de los **dones del Espíritu Santo,** y particularmente a la acción de los dones de **Entendimiento, de Sabiduría y de Piedad,** sabe que es infinitamente amada por el Padre, en Cristo Su Hijo, de quienes es miembro por la gracia del Espíritu Santo. Sabe, también, que es amada en el mismo Jesucristo, por la Virgen María, por los Ángeles y por los Santos del Cielo, lo mismo que por todas las almas que están unidas a Cristo en la unidad del Espíritu Santo".

"En correspondencia, en virtud de la acción del mismo Espíritu, también ama, en Jesús y en el Padre, a Jesús mismo, a la Santísima Virgen y a los elegidos, y todas las almas que están unidas a Cristo por la gracia, o pueden estar unidas a Él".

"Tal alma está algo así como completamente inmersa en amor y rebosa con puro amor a Dios y al prójimo. Bajo la influencia del Subsistente Amor, es decir: el Espíritu Santo, se ha vuelto amor, y nada más que amor. Así como un pedazo de carbón o una barra de hierro, que eran negras y frías, se vuelven calientes y radiantes cuando se sumergen en el fuego, así el alma que es arrojada al horno del Amor, es decir, el Espíritu Santo, llega a ser como ese Divino Espíritu".

"¡Bendita, ciertamente, el alma que es así transformada por el Divino Amor! Tal alma se ha convertido en amante; ama con un amor profundo y enteramente sobrenatural, que la inclina a desear el bien para sus hermanos- el bien espiritual para sus almas. Y por esto, tal alma estaría dispuesta, como Jesús mismo lo estuvo, a derramar toda su sangre, a entregar mil vidas".

"Tal alma está ahora libre de aquellos feos y vergonzosos sentimientos llamados envidia y celos. Una amarga tristeza y una especie de angustia, invaden el corazón de una persona envidiosa, a la vista del bien que poseen otros, de las ventajas con las cuales han sido favorecidos. Por otro lado, experimenta un malvado placer cuando otros pierden ciertos bienes de los cuales él mismo está privado".

"Un alma que está totalmente entregada al Divino Espíritu, desea solamente la gloria de Dios. A cuenta de eso, no puede sentir tristeza, excepto en cuanto a lo que puede ser un obstáculo a la llegada del Reino de Dios, el objetivo de todas sus aspiraciones. Se alegra con aquellos que se alegran, y llora con aquellos que lloran".

"Si la envidia ha sido llamada el pecado de los pobres, de aquellos que no tienen las ventajas que tienen otros, los celos pueden tal vez ser llamados el pecado de los ricos, de aquellos que poseen las cosas y desean ser los únicos poseedores y no toleran rivales ni competencia. Una persona celosa es alguien que siempre teme ser suplantada por otro".

"Las personas son celosas de la estima y el afecto de otros, porque ellos querrían que esa estima y ese afecto se les diera solamente a ellos. Cuando escuchan a alguien hablando bien acerca de la persona de quien están celosos, se sienten impulsados a decir lo contrario, a menospreciarla, a disminuir sus cualidades, a resaltar sus faltas. Ellos hasta los calumniarían, atribuyendo malas intenciones y defectos que esas personas no tienen".

"¿Quién puede contar los desacuerdos, aún los crímenes cometidos, tanto en el pasado como en nuestros días, a través de la envidia y los celos? ¿No fue a través de la envidia que el enemigo provocó la caída de nuestros primeros padres, y las malas consecuencias para la raza humana? ¿No fue a través de la envidia que Caín mató a Abel, y que los hermanos de José fueron llevados a cometer fratricidio? ¿No fue a causa de los celos que los Fariseos y los Escribas deseaban la muerte de Nuestro Señor?"

"Si un alma Cristiana, que se ha hecho esclava de estas malas pasiones no comete tales excesos, ¿cuántas muchas faltas no cometerá sin embargo, contra la virtud de la caridad, que es tan particularmente querida al Corazón de Jesús? Estas son las semillas de cardos y espinas que evitan que la buena semilla se desarrolle y de fruto en las almas".

"Un alma que está totalmente entregada al Espíritu Santo, precisamente porque ya no estima nada que no sea el amor Divino, y desea sólo la gloria de Dios y la venida de Su Reino en las almas, está protegida contra todas esas malas tendencias. Ella ama todo lo que Dios ama, y desde que el Padre ama a todas las almas con el amor con el cual Él ama a Su único Hijo, esa alma igualmente ama a todos los hombres con un afecto tal como Cristo, y tiene como supremo deseo que todas las otras almas respondan totalmente a su santa vocación, y cumplan los designios eternos de Dios para ellas. 'La caridad no es celosa'" (1 Corintios 13, 4).

"Olvidándose de su propia gloria y sus propias ventajas, tal alma desea y busca solamente la gloria de Dios. Acepta que otros hayan recibido más que ella, y que sean llamados a un más alto grado de gloria. Las primeras peticiones del *Padrenuestro* resumen todas las aspiraciones del corazón de tal persona".

"Esto es porque tal alma está perfectamente centrada en Dios; todo tiende hacia Dios. Es por eso que disfruta de una profunda paz, y su corazón está rebosante de verdadera caridad, que es como la caridad que anima el Corazón de Jesús. Ella, por lo tanto, de todo corazón e incesantemente, repite para todas las almas sin excepción— '¡Padre, venga a nosotros Tu Reino, hágase Tu voluntad (en todo y en todos) en la Tierra como en el Cielo!'".

Benignidad
"No es suficiente desear lo que es bueno para los otros. El amor genuino es eficaz; se traduce en actos. La benignidad es precisamente la disposición del corazón que inclina a la persona a hacer el bien a los otros".

"El alma que está verdaderamente movida por el Espíritu Santo, y totalmente entregada a El, vive solo para Dios. Por lo tanto tiene un solo afán: contribuir por todos los medios a su disposición a la venida del Reino de Dios en el mundo y en cada alma".

"¡Es por eso que hay que cuidar de no hacer nada que pudiera, de alguna manera, impedir la acción de la gracia en las almas y alejarlas de su destino y fin fundamental! Por el contrario, hay que cuidar de no perder ninguna oportunidad de elevar los corazones de los hombres, y dirigirlos hacia Dios! porque Dios es su todo! Les alegra cuando encuentran un alma que está totalmente consagrada a Dios, o cuando pueden hacer algo para traer de vuelta al Buen Pastor, a una oveja que estaba descarriada".

"Hace uso de una delicadeza extrema, especialmente hacia los que son imperfectos, porque a través del **don de Conocimiento,** reconoce que son miembros heridos del Cuerpo Místico de Cristo. Es muy cuidadosa de no decir ni hacer nada que pudiera agravar la enfermedad espiritual de tal persona, y la hace volver al favor Cristiano, para la mayor gloria de Dios".

"Estando totalmente entregada a la acción del **don de Piedad,** vigila con cuidado sobre sus propios pensamientos, porque no quiere de ninguna manera hacer juicios sobre su prójimo. Cubre la debilidad de tales personas como con un manto, y rehúsa concentrar su atención en sus faltas. 'La caridad no piensa mal' (de otros). Igualmente, en vez de 'alegrarse de lo que está mal en otros, se alegra con la verdad'" (1 Corintios 13, 5-6).

"Santa Teresa de Ávila dice algo similar en su *Camino de Perfección* (Cap. 42): 'Aquellos que verdaderamente aman a Dios, aman todo lo que es bueno, desean todo lo que es bueno, alaban todo lo que es bueno, y siempre se unen a aquellos que son buenos, para sostenerlos y defenderlos. Tienen afecto sólo por la verdad y por las cosas que merecen ser amadas".

"Si vigilan sus pensamientos y los sentimientos de su corazón, son aún más cuidadosos en evitar cualquier palabra que pudiera herir a su prójimo, y todo acto que pudiera ser desventajoso para el prójimo".

"¿Quién puede decirnos cuán grande es el mal que se extiende entre los hombres, causado por palabras con insinuaciones traicioneras? Ellas se parecen a las flechas envenenadas que entran profundamente en los corazones de los que las escuchan. Cuando se dice después, que son infundadas, que no es verdad, que seguramente es una exageración, algo del veneno permanece. La confianza se ha debilitado. La duda ha entrado como un gusano en una bella fruta, y poco a poco llevará a cabo su labor destructora".

"!Cuántas discordias en hogares, en ciudades, en naciones, entre naciones, pueden trazar su origen en tales insinuaciones pérfidas! Cuántas guerras crueles, cortas o prolongadas, han sido preparadas y se han vuelto inevitables por lo que Santiago (3, 5-8) escribió: 'La lengua es algo pequeño, pero que puede mucho. Basta una llama pequeña para incendiar un bosque inmenso. La lengua también es un fuego. Es un mundo de maldad nuestra lengua; mancha a toda la persona, y comunica el fuego del infierno a toda nuestra vida. Animales salvajes y pájaros, reptiles y animales marinos de toda clase, son y han sido dominados por el hombre. La lengua, por el contrario, nadie puede dominarla: es un látigo incansable, lleno de mortal veneno'".

"Lo que el hombre no puede hacer por su propio poder, el Espíritu Santo lo lleva a cabo en él, por los dones de **Consejo y Fortaleza**. Pero esto requiere que la persona lo deje actuar en ella, sin ofrecer resistencia a la acción santificadora del Espíritu. El único obstáculo en el camino de esa acción divina en nosotros, es nuestro orgullo – amor propio desenfrenado.

En consecuencia, mientras más nos apliquemos a la propia abnegación, mejor dispuestos estaremos para recibir la actividad de Dios en nosotros, y ser perfeccionados por ella".

"Espíritu Santo, a través de Quien vienen a nosotros todas las gracias, inflama bondadosamente nuestros corazones con el amor divino. Haznos ser todo para todos. Haz que nos alegremos con los que están llenos de alegría. Haz que nos lamentemos con los que lloran. Que seamos fieles en este mundo al precepto de amor del Divino Maestro, y merezcamos disfrutar con Él, el amor del Padre por toda la eternidad. Amén".

MANSEDUMBRE Y FIDELIDAD

"Cuando San Pablo describe el amor perfecto o caridad, (1 Corintios 13, 4-13) que por lo tanto, presupone el total florecimiento de la acción del Espíritu Santo, él no se contenta con decir que 'es bueno'. Esa no es ni siquiera la primera cualidad que San Pablo reconoce en él. Quiere que sea sobre todo, 'paciente'. Ser paciente significa estar dispuesto a sobrellevar la vida presente, tanto físicamente como moralmente. Es por eso que el Apóstol también pone la paciencia entre los frutos del Espíritu Santo, antes que la bondad y benignidad".

"Sin embargo, es más bien en relación con el alma en sí, y como una condición para su paz interior y su perfecto desarrollo en el amor, que San Pablo considera la paciencia. Porque es indispensable para nosotros sobrellevar todas las pruebas, sean las que fueren, vengan de afuera o de dentro de nosotros mismos".

"Esa paciencia, naturalmente, está acompañada de delicadeza y mansedumbre hacia aquellos que nos rodean. Es por eso que el Apóstol menciona después de la bondad y benignidad, los frutos de **mansedumbre y fidelidad**".

Las madres

"Nos damos cuenta de que cuando alguna cosa o persona actúa de manera contraria a nuestros deseos, estamos inclinados a manifestar nuestro descontento externamente, con gestos bruscos y a veces violentos. Miren a los niños que todavía están en la cuna. Cuando están enojados arrojan al suelo lo que esté a su alcance. Cuando son mayores y son heridos por una piedra o una silla, ellos instintivamente quieren vengarse, golpeando o pateando estos objetos".

"Las madres, algunas veces, bajo el pretexto de acallar el llanto de sus pequeños hijos, los animan también golpeando la 'mala' silla o piedra. Ellas harían mejor, si enseñaran a sus hijos a reconocer su propia falta, en vez de culpar a otros. Este es el camino de entrenar a los pequeños en humildad, esto es, en la verdad. La persona mayor permanece sujeta a esa tendencia que la impulsa durante la adversidad, a irritarse con las cosas y las personas".

"La mansedumbre de la cual habla aquí San Pablo, y que coloca entre los frutos del Espíritu Santo, tiene precisamente como propósito, disponer nuestra voluntad para soportar las contrariedades con delicadeza y sin enojo, esto es, sin manifestar impaciencia o agitación: 'El amor no se deja llevar por la ira' (1Corintios 13, 5). Un alma totalmente entregada a la acción del Espíritu Santo, ha aprendido a practicar esa bella e importantísima virtud social".

"Cuando es frustrada, lo siente intensamente, aún más que un alma que es menos perfecta, porque su propia bondad y mansedumbre la hace más sensitiva a lo que es desordenado o innecesario. Piensen en esa clase de sensibilidad en Teresa de Ávila; en vez de ceder a la irritación, un alma perfecta se humilla ante Dios, y a la luz de los dones de **Conocimiento, Consejo y Piedad**, reconoce rápidamente que esa prueba viene de Dios, Nuestro Padre Celestial, Quien es infinitamente bueno y amoroso, Quien utiliza a las criaturas para cortarlas y pulirlas, para que sean menos indignas de ser sus Hijas; por tanto, más pacíficas, y regocijadas en Su Voluntad, porque el Dios sabio es tan bueno con ellas".

"Estudia las vidas de los santos, y podrás llegar a ver que tales almas se vuelven más y más mansas y delicadas hacia su prójimo en proporción a ser más contradichas. Tales almas experimentan la necesidad de orar más por aquellos que las hacen sufrir. Son impulsadas a mostrar una atención más respetuosa y amorosa hacia ellas, porque aman a esas personas mucho en Jesús, y temen causarles el menor dolor a través de un comportamiento desagradable, al cual son inclinadas por su naturaleza".

"!Cuán agradable es un alma así al Corazón de Jesús, y cuánto contribuye a extender el Reino de Dios! Tarde o temprano, se ganará los corazones: 'Bienaventurados los mansos' dice Jesús, 'porque ellos heredarán la tierra'" (Mateo 5, 5).

"Que el Divino Espíritu nos llene con ese Espíritu de Mansedumbre, tan sobresaliente en nuestro Divino Maestro, Quien no quiere que aplastemos la caña doblada".

Fidelidad

"A la mansedumbre, apacibilidad y delicadeza, que son tan preciosas para la preservación de la armonía en la vida comunitaria,

San Pablo añade la **Fidelidad**. ¿Qué significa fidelidad? Santo Tomás ve en ella, la virtud que inclina nuestra voluntad a dar al prójimo todo lo que le corresponde, y en toda forma. Significa, por lo tanto, justicia perfecta – justicia en su lograda perfección".

"¿Qué le debemos a nuestro prójimo? Todos nuestros deberes hacia él, dice San Pablo, están resumidos en una palabra: Amarlo: 'Quien ama a su prójimo, ha cumplido la ley' (Romanos 13, 8). 'Ayúdense mutuamente a llevar sus cargas, y así cumplirán la ley de Cristo' (Gálatas 6, 2). 'Por encima de todo tengan amor, que lo une todo, y todo lo hace perfecto'" (Colosenses 3, 14).

"Debemos aprender a amar, como Jesús nos ha amado y continúa amándonos, con un amor misericordioso, es decir con un amor gratuito y anticipado, que no espera que sea merecido por el beneficiario. Seguramente no hay mérito en amar a aquellos que nos aman, y a los que son amables. Los malos también sienten esa clase de amor".

"Debemos amar con un amor de buena voluntad, que se alegra de todas las cosas buenas, naturales o sobrenaturales que existen en los otros. Y también con un amor compasivo, que se siente apesadumbrado por el mal que descubre en el prójimo, especialmente por la desgracia de las almas que no se dan cuenta cuan miserable es su condición: 'Siento compasión por esa multitud', dijo Jesús".

"Debemos amar también con un amor efectivo, un amor que nos urge a olvidar las negligencias y ofensas que hemos sufrido por parte de otros. Debemos buscar por todos los medios, fortalecer los vínculos de caridad fraterna cuando han sido debilitados por nosotros o por los otros. No esperemos que los otros den el primer paso. Más bien debemos apresurarnos a tomar la iniciativa por amor a Dios y sin prestar atención a nuestro amor propio".

"Es solamente bajo esas condiciones, que practicaremos la justicia perfectamente con nuestro prójimo, porque según el precepto de Cristo, estamos obligados a amarlo 'como Yo también los he amado'".

"Cuán dulce y suave sería nuestra vida en compañía de otros, si cada uno amase a los otros con ese amor misericordioso, anticipado, gratuito, benevolente y compasivo- un amor tanto afectivo como efectivo- que nos debemos los unos a los otros en virtud de la Voluntad de Cristo (y mandamiento)".

"El alma que está totalmente entregada a la acción del Espíritu Santo, practica ese perfecto amor y caridad espontáneamente, y como si fuera algo natural. Por lo tanto, un alma así, es una fuente de alegría para todas las personas que están en contacto con ella. Es un 'alma gozosa'. Irradia la alegría de Cristo, siguiendo el ejemplo de María, a quien la Iglesia nos invita a invocar como 'Causa de nuestra alegría'. Allí tenemos una alegría que es pura y santa, una alegría que no es disipación, sino el fruto del recogimiento y del verdadero amor, el fruto de un alma llena de la Paz Divina, porque vive sólo para Dios, a través de Jesús y Su Divino Espíritu".

*"Espíritu Santo, que ordenas todas las cosas con fuerza y suavidad, dígnate derramar Tu Espíritu de **Mansedumbre y Caridad** en nuestros corazones, para que habiendo muerto a nuestro yo egoísta y a todo lo que es pasajero, y deseando solamente la gloria de Dios y la salvación de nuestros hermanos en Cristo, vivamos en adelante solo de acuerdo a Tus santas inspiraciones, siguiendo el ejemplo de Jesús y María, para la mayor gloria del Padre. Amén".*

MODESTIA

"San Pablo, después de mencionar los frutos del Espíritu Santo que afectan al alma en sí misma y en sus relaciones con los demás, enumera aquellos frutos que perfeccionan el alma en relación con sí misma, esto es con relación a sus pasiones. Estos frutos son llamados: **modestia, continencia y castidad.** Diremos algunas palabras respecto a ellos".

"La **Modestia**, como la mansedumbre que hemos examinado anteriormente, es una virtud humilde, una virtud que el mundo desprecia, pero que es muy querida al Corazón de Jesús. Sin ella, el alma permanece imperfecta, por muy grandes que sean las cosas que emprenda para la gloria de Dios".

"La modestia, la que se menciona aquí por San Pablo, esa modestia que existe en un alma cristiana totalmente entregada a la acción de los dones del Espíritu Santo, y particularmente los dones de **Conocimiento y Consejo** – es una disposición sobrenatural del alma por la cual ésta se inclina a mantener una apropiada sujeción en todo y así evitar caer en excesos contrarios".

"Sabemos que estamos inclinados a caer en excesos. Esto es una consecuencia y una manifestación de la falta de balance interior causado en nosotros por el pecado original".

"¿Qué vemos en el mundo? Vemos a aquellos que son violentos o débiles, avaros o pródigos, taciturnos o locuaces, tímidos o presuntuosos, personas decaídas por la tristeza y otros excesivamente exuberantes, personas agitadas y otras indolentes, apasionadas o apáticas; unos que nos asustan por su apresuramiento, y otros que nos exasperan por su lentitud".

"Así, vamos de un exceso a otro, y algunas veces, al librarnos de un defecto, caemos en el defecto opuesto, porque es difícil mantener el justo medio, que constituye una virtud en su perfecto desarrollo".

"Es precisamente la modestia, como se entiende aquí, la que nos enseña a mantener ese justo medio- la correcta medida en todas las cosas- como nuestro Divino Señor y también nuestra Bendita Madre la mantendrían si estuvieran en lugar nuestro. Es por eso que la modestia es algo así como la virtud de las otras virtudes; es su perfección; es lo que las hace perfectas en su orden particular. Y es por eso que logra su completo desarrollo solamente en las almas perfectas".

"Veamos entonces cómo debería ejercer su influencia en todos los campos de nuestras actividades interiores y exteriores".

"La modestia, un fruto del Espíritu Santo en nosotros, primero que todo, nos inclinará a tener una apropiada valoración de nuestros talentos naturales y sobrenaturales, sin disminuirlos ni exagerarlos. Estos talentos nos los ha confiado Dios, para Su gloria y para el bien de todo el Cuerpo Místico. Se nos pide utilizarlos para ese doble propósito, y hasta donde la Divina Providencia quiera usar de nosotros".

"Después de todo, no debemos nunca olvidar que Dios Todopoderoso necesita siempre de nuestra ayuda. Pero, sea cual fuera la obra a la que Él quiera asociarnos, y el papel que Él quiere que representemos en el mundo, debemos siempre recordar que sencillamente 'sólo hicimos lo que debíamos hacer'" (Lucas 17, 10).

"La modestia también moderará nuestra curiosidad, nuestro afán de saber las cosas. Porque existe una curiosidad buena, pero también hay una curiosidad inútil y otra indiscreta, una curiosidad peligrosa, y que a menudo es fatal para la vida del alma".

"Sepamos como evitar todas las lecturas inútiles, y por cierto aún más, todas las lecturas que podrían ser dañinas para nuestra alma. Aun respecto a obras que tratan de doctrina espiritual, no tendamos a leer un sinnúmero de libros. Cuando encontremos un libro que corresponde a las necesidades de nuestra alma, leámoslo pausadamente, sin prisas; meditemos en él, y releamos a menudo, para que absorbamos sus enseñanzas, las asimilemos y vivamos según ellas".

"Santa Teresa de Liseux nos dice que cuando ella estaba aún en el mundo y era muy joven, su vida espiritual se nutría de la más pura harina contenida en *La Imitación de Cristo*. Fue el único libro beneficioso para ella. Por eso era su compañero constante".

"Seamos modestos en nuestros juicios. Debemos desconfiar de nuestro afán de juzgar, de criticarlo todo, lo cual es la causa de tantos conflictos en la sociedad. Evitemos tomar el papel de jueces de nuestros hermanos. 'No juzguen y no serán juzgados' es una enseñanza fundamental de Jesús, Nuestro Señor. No juzguemos a nadie, bien sea lo que es bueno o malo para él, a menos que estemos obligados a hacerlo a cuenta de la autoridad que tengamos que ejercer a este respecto. Pero aún entonces, hagámoslo con temor y temblor, desconfiando de nuestra manera de ver las cosas, que podrían no estar de acuerdo con el juicio de Dios".

"A fin de evitar juicios impropios, no permitamos a nuestra mente deambular por todas partes, y examinar la conducta de otros, especialmente la de superiores. ¡Cuánto más sencillo y sobrenatural para nosotros sería ver en aquellos que nos rodean, los instrumentos de la misericordia de Dios hacia nosotros! Aun cuando esos instrumentos fueran defectuosos a la vista de Dios, sin embargo, siguen siendo los instrumentos de los designios misericordiosos de Dios hacia nosotros".

"Aquí tenemos la humildad de mente, una verdadera y profunda humildad que hace tan fácil el obedecer, aún cuando esa obediencia sea hacia autoridades paganas, y mucho más hacia aquellos que a pesar de sus imperfecciones, no tienen mayor deseo sino que el Reino de Dios sea completamente establecido en nuestras almas".

"Nuestra tendencia innata al orgullo, como consecuencia del pecado original, nos tienta a buscar los primeros puestos, y todo lo que es más admirado por los hombres, aun después del ejemplo puesto por los Apóstoles, justo antes de la Pasión de Nuestro Salvador! La modestia también nos impulsa a sublimar nuestro deseo de grandezas en el mundo, hasta poder deponer tales grandezas siguiendo el ejemplo de Cristo, nuestra Cabeza, a fin de aferrarnos solamente al placer del Padre".

"¿Qué importancia tiene el estar aquí o allí, o en ejercer esta o esa función? ¡Tampoco ambicionemos obtener el mejor lugar en el Cielo! Nuestro único deseo debería ser hacer la Voluntad de Dios en cada momento, glorificarlo a Él ahora y a través de la eternidad, de acuerdo a lo le agrada a Él".

"La modestia, un precioso fruto del Espíritu Santo, también nos inclinará a conformar todos los afectos de nuestro corazón con los afectos del Corazón de Jesús, y para ese propósito, hacer que nuestra sensibilidad y nuestra imaginación practiquen la moderación. 'La moderación, lo mismo que la paciencia'... !qué bien practicaba esto tan fundamental Santa Teresa de Ávila, y cuán elocuentemente proclamaba su importancia a sus Carmelitas!"

"Bendita el alma que siguiendo el ejemplo del Hijo, ama sólo al Padre, y todas las otras personas y cosas solamente en Él, con Él y por Él, y se aplica con todo amor a los deberes de cada momento presente, moderando cuidadosamente la imaginación y la memoria, rehusando volver inútilmente al pasado, y dejando de preocuparse por el futuro. ¡Esto significa moderación y modestia!"

"La perfecta moderación es un regulador de todos los movimientos de nuestra alma. Pero su acción tiende también a la actividad externa, al apropiado uso de los ojos, los oídos, la lengua, nuestro comportamiento, nuestros gestos, nuestra manera de tratar a las personas y cosas, respecto a uso de la comida y el descanso, ropa y adornos, juegos y entretenimiento. Modera todas estas actividades externas, y cuida al alma que posee ese precioso fruto del Espíritu Santo, previniendo los excesos de un lado o del otro. Así, en todas las circunstancias, demanda el uso de la razón, pero de la manera de conducirse que encontraríamos en Nuestro Señor mismo, o Su Santa Madre, si estuvieran en nuestra situación. No hay, por lo tanto ni negligencia ni disputa, sino en todas las cosas, la perfecta medida, el justo medio es preservado".

"Es evidente que esta perfección que admiramos en los santos, está más allá de los poderes de la naturaleza humana por sí sola. Lo que se requiere es la continua asistencia del Espíritu Santo. Es por eso que debemos repetir una vez más: la única manera de obtener esa perfección, es entregarnos totalmente a la acción del Espíritu Santo, y hacernos más y más pequeños y humildes. Porque es reconociendo con humildad nuestra pequeñez y miseria, que combatimos contra el orgullo, y nos disponemos a la acción del Espíritu Santo en nuestras almas".

"Espíritu Santo, Dios de Verdad y Amor, Tú ordenas todas las cosas con la medida apropiada. Lo conduces todo con fuerza y suavidad hacia el fin debido y el propósito general del universo. Concédenos que en todas las circunstancias podamos actuar de acuerdo a Tus inspiraciones, y evitar todo apresuramiento, lo mismo que toda

negligencia, a fin de que después de glorificar al Padre en Cristo en este mundo, podamos cantar por toda la eternidad las Divinas alabanzas, inspirados por Ti, Divino Espíritu de Amor. Amén".

CONTINENCIA Y CASTIDAD

"San Pablo menciona finalmente entre los frutos que el Espíritu Santo produce en el alma totalmente entregada a Su acción divina, la **Continencia y la Castidad"**.

"De acuerdo a Santo Tomás de Aquino, la castidad significa la perfecta e inalterable castidad de las almas a las que Dios, en Su misericordia, se digna preservar aun de las tentaciones contra esta bella virtud. No hay duda que esta era la castidad, no solamente de Jesús, sino también de María y José".

"Dios escoge preservar a ciertas almas de esa manera, aún desde su niñez, de todo movimiento desordenado de concupiscencia, lo cual es una gracia muy grande. Sabemos por lo que Santa Teresa de Liseux le contó a su hermana Paulina, durante su última enfermedad, que ella era una de esas almas privilegiadas".

"Dios les da a tales almas, además de ese precioso favor, una gran prudencia, y una delicada vigilancia, que las hace evitar, casi instintivamente, aquello que pudiera manchar la pureza de sus almas. Esto es también un efecto de los dones del Espíritu Santo. La perfecta castidad y la vigilancia en evitar todo lo que pudiera manchar la imaginación o los sentidos, no significa necesariamente que esta persona ignore los hechos de la vida. Como la 'pequeña Teresa' le dijo a su hermana Paulina: ' no es el conocimiento de tales cosas lo que es malo... la Santísima Virgen sabía todo acerca de eso. ¿Acaso no le dijo Ella al ángel en el momento de la Anunciación: 'cómo podrá ser eso, si yo no conozco varón?'" (Lucas 1, 34).

"Lo que ha hecho Dios es bueno y apropiado. El matrimonio es una vocación fundamental, 'algo bello para aquellos que son llamados a él. Es el pecado el que lo ha desfigurado y manchado'".

"Pero aquellos que están totalmente consagrados a Dios por el celibato, deben evitar cuidadosamente toda curiosidad inútil en ese aspecto; deben mantener su corazón libre de todo afecto que pudiera distraerlos del único objetivo de su amor".

"Cuando Teresa era muy joven, ella oró: 'Oh Jesús, dulzura inefable, convierte en amargura para mí, todas las consolaciones terrenas'. Ella estaba evidentemente movida por la acción del Espíritu Santo en esto, porque nos dice que repetía estas palabras sin entender mucho de su profundo significado".

"Escribió más adelante: 'No quiero que las criaturas reciban un átomo de mi amor. ¡Quiero darle todo solo a Jesús! ¡Nada sino El! El es a quien yo deseo complacer, solo a Él".

"Benditos aquellos que han podido mantener intacta esa bella, pero también muy delicada flor de la virginidad. Hoy día, uno tiene la impresión que el valor de la virginidad no es inculcado lo suficiente en las mentes de la gente. Esto es una gran pérdida, porque las almas están naturalmente inclinadas a tener en gran estima la virginidad, por tanto tiempo como mantienen intacta la pureza de la gracia bautismal".

"Debería ser normal para hombres o mujeres cristianos jóvenes, llegar vírgenes al sacerdocio, a la vida religiosa o al matrimonio".

"Muchas caídas en este aspecto, se evitarían, si como en la Iglesia primitiva, no temiéramos formar a nuestros jóvenes para vivir la pureza de una manera positiva y delicada".

"Dios algunas veces concede el don de perfecta **castidad** a aquellos que han luchado valientemente, como recompensa por su perseverancia y fidelidad en Su servicio. Ese fue el caso del joven Tomás de Aquino, el Doctor angélico, que fue librado de una manera milagrosa de todos los movimientos de concupiscencia, después de haber luchado victoriosamente contra una prostituta que le habían enviado sus hermanos para corromperlo y alejarlo de su vocación religiosa y sacerdotal. Tales almas debe siempre recordarse a sí mismas, que por sí solas sólo son debilidad, y por lo tanto, deben ser siempre muy prudentes y no perder el precioso tesoro que les fue confiado".

"Sería de cualquier modo un error, creer que un alma totalmente entregada a la acción de los dones del Espíritu Santo, está necesariamente libre de toda tentación contra la castidad. 'Pasa con frecuencia, escribe San Gregorio el Grande, que un alma que ha sido llevada a las alturas por el Divino Espíritu, sufre sin embargo, dolorosos asaltos de la carne...pareciera que el Cielo y el Infierno se han unido, porque el alma es al mismo tiempo inundada con las luces de la contemplación, y oscurecida por acosadoras tentaciones'".

"Es por eso, que además de la perfecta castidad, San Pablo coloca a la continencia como otro fruto del Espíritu Santo, en el alma perfecta. La continencia es la 'laboriosa castidad' de las almas que viven el estado del matrimonio, o están sujetas a tentaciones impuras".

"El Señor puede permitir que un alma totalmente entregada a Su amor, como Santa Catalina de Siena o Santa Ángela de Foligno, sea cruelmente tentada de esa manera. Puede ser que Dios desea por tales medios, darle una ocasión de hacer reparación por los numerosos pecados que se cometen en el mundo contra la virtud de la castidad".

"San Francisco de Sales nos dice (*Introducción a la Vida Devota* cap. 3): 'San Pablo sufrió tentaciones de la carne por largo tiempo, pero eso de ninguna manera significa que no era agradable a Dios. La Bendita Ángela de Foligno sufrió horribles tentaciones igual que San Francisco y San Benito.... Pero eso no hacía que perdieran la gracia de Dios; por el contrario, obtuvieron un gran aumento de gracia en esas ocasiones'".

"Lo que es más doloroso para tales almas es la perturbación que tales tentaciones les producen; tan grande es esta perturbación que parece que ya no aman a Dios. 'El amor a Dios ya no aparece por ningún lado, excepto en las profundidades de la mente y el corazón, y les a ellos, que está ausente también de allí'" (San

Francisco de Sales).

"'¿Dónde estabas Tú, dulce Señor mío' lloraba Santa Catalina de Siena después de padecer una severa tentación de esa clase, 'cuando mi corazón estaba lleno de oscuridad e inmundicia?' 'Hija Mía, Yo estaba en tu corazón'. Ella dijo entonces: '¿Cómo podías morar en mi corazón, cuando estaba lleno de esos horribles pensamientos? ¿Acaso moras Tú en esos sucios lugares?' Nuestro Señor contestó: 'Dime hija Mía, ¿esos feos pensamientos de tu corazón te dieron placer o tristeza, pesar o deleite?' Ella replicó: 'Ellos me dieron un pesar y amargura'. 'Bien, respondió Jesús: '¿Quién puso esa gran amargura y pesar en tu corazón, sino Yo, que permanecí escondido en las profundidades de tu alma? Ese sufrimiento fue la ocasión de ganar grandes méritos y un aumento de tus virtudes y tu fortaleza'" (Introd. Cap. 4).

"San Francisco de Sales continúa: '(Cuando concierne a almas que pertenecen enteramente a Él), Dios permite estos grandes asaltos solamente con el fin de elevarlas a Su puro y excelente amor...por tanto, cualquier tentación que les venga, y cualquier placer que ella traiga, mientras la voluntad se rehúse a consentir, no sólo las tentaciones sino también el placer, no se perturben; porque Dios no está ofendido por eso'".

"Estas son palabras de gran consuelo para las almas que tienen que luchar a fin de permanecer fieles a su ideal de perfecta pureza. No debe ceder ante el desánimo, sino recordar lo que Santa Teresa de Liseux escribió a una persona que vivía en el mundo, y que estaba atormentada por esa clase de tentación: '!Bendito el que ha sido juzgado digno de sufrir tentaciones!' Después de todo la tentación no es más que una ocasión para el alma, para probar su amor y su indefectible fidelidad a Dios".

"Un alma que está totalmente entregada a la acción del Espíritu Santo, espontáneamente y casi por instinto, ha recurrido a los medios que los santos de la vida espiritual unánimemente recomiendan en tales circunstancias, y particularmente esa de revelar lo que está sucediendo en su corazón. Santo Tomás tiene esto que decir acerca de eso: 'El demonio, que es orgulloso e impuro, es un enemigo de toda humildad en una buena confesión. Es por eso que nada es preferible o más fácil, a fin de estar protegido (de caer en) de esas tentaciones, que revelar claramente la propia condición al confesor, y hacer esto cada vez que tales tentaciones se renueven'" (Op. 63).

"Esa es también la opinión de San Francisco de Sales: 'La primera cosa que el demonio quiere que haga un alma a la que desea tentar, es que guarde silencio... Dios, por el contrario, en Sus inspiraciones, nos pide que hagamos conocer nuestra condición a nuestros superiores y guías'" (Introd. Cap. 7).

"La experiencia confirma tanto la verdad de esta enseñanza, que a menudo será suficiente para un alma, resolverse a revelar claramente a su director espiritual la tentación que está teniendo, para que esta desaparezca inmediatamente".

"Bendita el alma a quien el Espíritu Santo le concede la gracia de beneficiarse con tales dolorosas tentaciones, impulsándola a humillarse y así disponerse a recibir una gran abundancia de gracias".

> *"Espíritu Santo, Espíritu de santidad y pureza. Fuego Divino que inflama los corazones de los Benditos, ven y consume en nosotros todo lo que te desagrada. Que seamos purificados de todo afecto desordenado y liberados de toda atadura al pecado, para que con Jesús y María, podamos glorificar eternamente al Padre a través de Ti, Divino Espíritu, que vives y reinas con Él, y el Hijo, en eterna beatitud. Amén".*

El cierre de la Novena se inicia a las 8:00 p.m. del Sábado con una procesión con velas /Coronilla de Renovación / Letanías al Espíritu Santo/ Oraciones de Servicio al Pueblo de Dios que concluyen con 'Letanías del Santo Mandato' / Bendición de la Sma. Trinidad / Aspersión de agua bendita con himnos al Espíritu Santo, seguido por la Oración Final (Preciosísima Sangre de Jesucristo, sálvanos a nosotros y al mundo entero. Amén).

Después de las oraciones finales de arriba, tendrá lugar una Misa de Vigilia de Pentecostés, siempre que esté presente un sacerdote. La Santa Misa será seguida por la quema de peticiones, testimonios, himno de clausura, y oración final (Preciosísima Sangre de Jesucristo, sálvanos a nosotros y al mundo entero. Amén).Esta Santa Misa del Sábado concluye la Novena y la vigilia de los "Tres Días de Espera" del domingo de Pentecostés, y termina a la medianoche o algo más tarde.

CAPÍTULO XII

LA ALEGRÍA DEL REINO GLORIOSO DE PAZ

Para ser leído el viernes a la 11:30 a.m. durante la vigilia de los "Tres Días de Espera" antes del Domingo de Pentecostés. Para leerlo el Sábado a las 8:30 a.m el ultimo día de la vigilia y en cualquier otro tiempo, incluyendo el Domingo de Pentecostés.

LA GRAN ALEGRÍA
Mis enseñanzas los Complacerán

"La Paz sea con ustedes, Bernabé, y con todos mis hijos que entran a este gran mes con oración. Yo les doy la bienvenida con Mi amor y misericordia. Yo abriré otra página de enseñanzas para Mis hijos que estén dispuestos a crecer y amar. Los pequeños verán grandes cosas en mis enseñanzas y se llenarán de alegría. Mis enseñanzas los saciarán. Pero los orgullosos no verán nada. Ellos mirarán y mirarán sin ver, escucharán y escucharán sin oír. Mis palabras no tendrán significado para ellos".

"Sé humilde y acércate a Mi amor y cuidado. Permanece unido a Mí y Yo permaneceré unido a ti. Mi bendición permanezca en sus almas. Yo los bendigo en el Nombre del Padre y del Hijo y del Espíritu Santo. Amén".
Jesucristo 1° de Julio, 2007

EL PRIMER GOZO

La Dorada Paz de Felicidad

"Alégrense todos ustedes que están en El Señor. Estén felices todos ustedes que han sido redimidos con la Sangre Preciosa de Jesucristo. Ustedes están bendecidos. Yo soy su amigo y el servidor de Dios, Antonio. En este gran mes de paz y gracia, Jesús me envió para hablarles de un tema llamado **La Dorada Paz de Felicidad**. Este es el gozo del Glorioso Reino de Paz. Él quiere que la alegría llene sus corazones siempre para apresurar el Reino en sus corazones".

"Hoy vengo a hablar sobre **el gozo de la verdadera libertad** que da al alma la **Felicidad Dorada.** Amigo de Dios, la verdadera libertad es la libertad del espíritu que busca solamente a Dios. La posesión de Dios es la verdadera libertad del alma. En Dios, el alma encuentra satisfacción y paz".

"Cuán felices son las almas que encuentran verdadera libertad en Cristo Jesús; ellas poseen la felicidad dorada. Nada ocupa su mente excepto el amor de Dios. Nada altera su paz. Ellos son como pájaros libres en el aire que solamente piensan en como alabar a Dios. Ellos se levantan felizmente como el sol naciente, y brillan como las estrellas de la mañana. Amigos, estas almas encuentran paz donde otros encuentran confusión y tristeza. Ellos se regocijan en todas las cosas porque su Dios está con ellos siempre. Todos ustedes son llamados a este estado de vida de la **felicidad dorada** en esta tierra. El primer medio para lograrlo es la **verdadera libertad**. *Sé libre y lo poseerás.* Mi Jesús los bendiga, los dejo".

CRISTO:
"La verdadera libertad trae las almas más cerca de Mí. Acércate a Mi amor y encuentra paz y libertad. Yo los bendigo en el Nombre del Padre y del Hijo y del Espíritu Santo. Amen".
Jesucristo 2 de Julio, 2007

SEGUNDO GOZO
Ustedes son Hijos de Dios

"Alégrense, Oh casa de Jacob! ¡Regocíjense, Oh casa de Israel! Ustedes son los elegidos entre las naciones para ser la nación santa de Dios. Las poderosas Manos de Dios los han sacado de Egipto. El amor de Dios cuida de ustedes. Yo soy su amiga y sierva de Dios, Teresa".

"Jesús me envió a hacer sus felices sus almas, a recordarles la alegría que deben compartir y manifestar en el mundo. Esta es la alegría de **la Dorada Felicidad del Glorioso Reino de Paz**".

"Ustedes son los hijos e hijas de Dios. ¿Cómo suena esto a sus oídos? Les repito, **ustedes son hijos de Dios**. No quise decir los hijos del hombre más rico del mundo o los hijos del presidente de su país: yo quise decir los hijos de Aquel que creó todas las cosas y posee todas las cosas incluyendo las riquezas del hombre más rico; incluyendo su presidente y su país y los países del mundo."

"Ustedes son hijos del Rey del Cielo y la Tierra. Reclamen la autoridad del Hijo y alégrense. Sean felices, ustedes príncipes de Cielo y Tierra. Todo lo que su Padre tiene es de ustedes. Su enemigo les temerá, debido a su Padre. Montañas y mares les obedecerán. Su palabra es autoridad ante las criaturas, porque su Padre hizo todas las cosas. En ustedes, su Padre será glorificado".

"Amigos, no permitan que nada aleje esta alegría de ustedes. Permanezcan unidos al Padre y el Padre permanecerá unido a ustedes. Entonces ustedes serán siempre sus hijos y Él será un Padre para ustedes. No busquen ser hijos pródigos, o serán esclavos. Permitan que la **dorada felicidad** que viene de la alegría de ser un hijo habite en sus almas. Yo pido a Jesús que los bendiga. Adiós".

CRISTO:
'Sé feliz de tener un Padre que te cuida. Sé feliz también por ser hijo de un Padre tan digno. Dios es tu Padre y esta es tu mayor felicidad.

Entonces yo te bendigo en el Nombre del Padre y del Hijo y del Espíritu Santo. Amén".
Jesucristo 3 de Julio, 2007

TERCER GOZO
Ella es el Templo del Espíritu Santo

"Alégrate, Oh Jerusalén, tu gloria esta brillando por todo el mundo. Tú eres la luz del mundo y el orgullo del pueblo de Dios. Alégrate, oh hija de Sión, porque tu Rey está llegando para morar en ti. Yo soy tu hermano Jerónimo".

"Jesús me envió a anunciar el mensaje de felicidad a las hijas de Sión. Jerusalén debe estar feliz porque la gloria de Dios está sobre ella. Ella es el Templo del Espíritu Santo. Dejen que esta alegría llene su corazón siempre y alcance a todos los que se acercan. Esta es la **Dorada Felicidad** a que están llamados a dar testimonio en el mundo".

"Benditas son las casas en las que habita el Señor; y más bendecida la que es esposa de Dios. Amigo de Cristo, ¿qué alegría y felicidad estás buscando fuera de ti? ¡Mira! El Cielo esta en ti. ¿No estás viendo la belleza y la gloria del Cielo dentro de ti? Ante ti los ángeles se inclinan postrándose al Rey cuyo Trono fue instituido en ti. Brilla, Oh Sion, porque tú eres la santa montaña de Dios. ¡Mira! Tu pueblo está observándote, buscando en ti, refugio del Señor. Déjalos compartir el gozo de tu gloria. Jerusalén, tú eres el Templo del Espíritu Santo. Reconoce tu grandeza y sé feliz. Todos los que reconocen esta grandeza y habitan en su alegría, comparten la paz del Reino Glorioso. Esta es la felicidad de los que son redimidos con la Sangre del Cordero. Los dejo para que el Cordero los bendiga. Adiós".

CRISTO:
"Tu eres el Templo de Dios si permaneces unido a Mí. ¡Jerusalén es tu nombre! En ti, Oh Jerusalén, Mi gloria brillará. Esto es siempre tu orgullo y tu felicidad. Que nadie te lo quite. Así que te bendigo, en el Nombre del Padre, y del Hijo, y del Espíritu Santo. Amén".
Jesucristo 4 de Julio 2007

CUARTO GOZO
El Deseo del Cielo

"Qué bella es su casa, Oh almas de los justos, y qué bendecidas son ustedes por ser nativas del Cielo. Sean siempre felices todos ustedes ciudadanos del Cielo. Su casa es hermosa. Yo soy su hermana Inés. Jesús me envió para nutrir sus almas con el gozo del Cielo que les espera. Esta alegría es la manifestación del Reino Glorioso de Paz que está dentro de ustedes".

"Amigos de Cristo, todas las almas deben desear el Cielo. Poseer a Dios y vivir con Él en Su Reino debe ser la más grande meta de cada alma. En el Cielo, experimentará lo que es el amor perfecto. Quiero decir que todas las almas amarán perfectamente como Dios. Este es el gozo del Cielo".

"Hijos de Cristo, su patria es hermosa: hay muchas mansiones allá. Es una casa de paz. No hay dolor ni tristeza. ¡Ttampoco muerte ni lamentos! Todas las cosas amargas de la tierra han pasado".

"En el Cielo hay paz. Ningún país peleará contra otro. De hecho, hay únicamente un país- el Cielo. Una tribu, Cristiana; y Jesús es nuestro Rey por siempre. En el Cielo hay satisfacción. La búsqueda de sus corazones encontrará su satisfacción en el Cielo, porque Dios esta allá, para saciar el hambre de sus almas".

"Escuchen todos ustedes, pequeñas almas de la Tierra: Deben alegrarse siempre porque tienen una casa alegre. Esta felicidad debe ser manifestada a todos los hombres para que ellos vean y crean en lo que ustedes esperan. Este es el gozo del Reino Glorioso que está llamado a manifestar. Entonces, los dejo en este gozo para que Jesús los bendiga. Adiós".

CRISTO
"En la casa de Mi Padre hay muchas mansiones. Les estoy diciendo esto para mantener su esperanza viva y hacerlos felices porque su casa es el Cielo. Yo los bendigo en el Nombre del Padre y del Hijo y del Espíritu Santo. Amén".
Jesucristo 5 de Julio 2007

QUINTO GOZO
Ustedes son la Bendición del Mundo

"Regocíjense y estén alegres todos ustedes que adoran al verdadero Dios. Dejen a su corazón regocijarse todos ustedes que esperan por el Señor en santidad y paz. Ustedes son la bendición de la Tierra y la felicidad de Dios. Yo soy su hermana Cecilia de Dios".

"El mensaje que tengo para ustedes es que Jesús dijo: "Ustedes son la bendición de las bendiciones de la Tierra y la felicidad de Dios." A través de ustedes, Dios bendice al mundo. A través de ustedes, se concede misericordia a la humanidad. A través de ustedes, el Corazón herido del Señor es sanado".

"Amigos de Cristo: Ustedes son una bendición para la Tierra que los crió. De hecho, esa tierra será fértil y dará fruto debido a ustedes. Y por esa razón están llamados a ser felices y regocijarse en el Señor siempre. Hijos: ¿Qué entienden ustedes cuando me escuchan decir que son la felicidad de Dios? Ustedes son los pequeños ángeles de Dios que están siempre en la Mente de Dios para Renovar la Faz de la Tierra. Y de hecho, ustedes lo hacen feliz por su forma de vida. *Bendita eres, Oh alma, por estar entre las pocas que hacen feliz a Dios; que esto sea tu alegría, que esto sea tu felicidad. El conocimiento y posesión de esta felicidad y alegría es la paz que estás llamado a celebrar. Manifiéstala al mundo y comparte la* **Dorada Felicidad del Reino Glorioso.** Los dejaré para que Jesús los Bendiga".

CRISTO
"!Ustedes son la bendición de la Tierra! ¡Ustedes son la felicidad de Dios! Y Yo seré su felicidad también. Yo los bendigo en el Nombre del Padre y del Hijo y del Espíritu Santo. Amén".
Jesucristo 6 de Julio, 2007

SEXTO GOZO

Su Defensor es Supremo

"Alégrese, Oh pueblo de Dios. Los días en que pagaban para fortificar las murallas de la ciudad han pasado. ¡Miren! Su Dios es ahora una muralla de fuego alrededor suyo. Ningún enemigo los verá o les hará daño. Los Guerreros Celestiales están a su lado para pelear por ustedes y defenderlos. Yo soy su amigo y siervo de Dios, Pío".

"Amigos de Cristo, fui enviado para hacerlos orgullosos y levantar sus almas al decirles que su Defensor es supremo!"

"Imagínense un poco ser cuidados por los Ángeles Celestiales del Dios vivo. Donde quiera que vayan, ellos los siguen y limpian el camino. Ante ustedes, hay una columna de nube para acuñar a su enemigo; y detrás de hay una columna de fuego que les mostrará el camino a la tierra prometida. Miles de enemigos estarán a su lado y diez mil a su otro lado, pero ninguno les hará daño, porque supremo es su Defensor. Dios se abrirá paso entre sus enemigos. Él los hará a un lado como lo hizo en el Mar Rojo. Estarán parados como una pared y ustedes pasarán como un príncipe, sin que les hagan daño".

Amigos de Cristo: ¿No han sentido la presencia de su Defensor a su lado? ¿No han visto los soldados en guardia? ¿Están temerosos de los enemigos malignos? ¡No teman! Regocíjense en el conocimiento de esta verdad. Sean felices porque supremo es su Defensor. Nadie puede vencerlo. Estén orgullosos de esto y compartan esta alegría y felicidad con todos los hombres. Esta es la **Dorada Alegría y Felicidad del Reino Glorioso** a que están llamados a dar testimonio. Los dejo en este gozo para que Jesús los bendiga. Adiós".

CRISTO:

"Yo estoy siempre con ustedes hasta el fin de los tiempos, Yo los bendigo en el Nombre del Padre y del Hijo y del Espíritu Santo. Amén".
Jesucristo 7 de Julio 2007

SÉPTIMO GOZO

¿Por qué están viviendo como huérfanos? Ustedes tienen una madre.

"Acérquense a Mi cuidado maternal, Oh mis queridos hijitos. Yo soy su Madre y su Reina. Yo soy la Rosa Mística, María la Madre del Agonizante Jesucristo".

"Hijos, regocíjense siempre porque su Madre está viva. Su Madre los cuida. Piensen en una buena Madre quien va por agua en la fría mañana. Cuando regresa, ella hierve el agua y prepara el desayuno para la familia. Con su propio pecho ella alimenta al pequeño bebé que no puede comer alimento sólido. Ella baña a los pequeños y remienda sus ropas. Esta Madre es cariñosa y cuidadosa. Yo soy una Madre amorosa que conoce todas sus necesidades! Yo soy Madre cuidadosa que cuida de ustedes. ¿Por qué están viviendo como huérfanos? Ustedes tienen una Madre. Su Madre está viva. Acérquense a mí y compartan mi alegría. Sean felices como el vino de la mañana. Dejen que el mundo comparta su felicidad".

"Hijos, ¡díganle a todo el mundo que ustedes tienen una Madre! ¡Díganle que su Madre está viva! ¡Ella los Cuida! Ella es amorosa. Este es el **gozo del Reino Glorioso** a que están llamados a dar testimonio. Recuerden que no habrá huérfanos en **la Tierra de Paz**. Sean felices y regocíjense siempre. Permanezcan en la paz de Cristo. Adiós".

CRISTO:

"Hijos, Mi Madre es también vuestra Madre . Y ésta será siempre vuestra alegría. Yo los bendigo en el Nombre del Padre, y del Hijo, y del Espíritu Santo. Amén".
Jesucristo 8 de Julio 2007

Yo les Traigo Alegría y Felicidad:

"La paz sea con ustedes. Yo soy su todo y su felicidad. Felices son todos los que encuentran satisfacción en Mí; sus días están bendecidos. Yo soy el Agonizante Jesucristo que los ama. Hoy les traigo alegría y felicidad al derramar bendiciones sobre todas las almas que participan en esta novena. Que todas las bendiciones que he derramado sobre ustedes, en estas novenas anuales por los pasados diez años, sean para todos los que completen esta novena anual. Sus días verán buenas cosas; y siempre terminarán con felicidad y alegría. Yo derramaré sobre ustedes toda la sabiduría para conocer y ver **el Dorado Gozo del Glorioso Reino de Paz**. Estén siempre llenos de felicidad. Que la luz de la verdad brille siempre en sus caminos. Ordeno al Arcángel San Miguel protegerlos y defenderlos. Que sus almas experimenten la luz de la verdadera paz".

CRISTO:
"Permanezcan cerca en Mi amor. Yo los bendigo a todos en el Nombre del Padre, y del Hijo, y del Espíritu Santo. Amén".
Jesucristo 9 de Julio2007

El Espíritu Santo Renueva todo:
"La paz del Cielo sea con todos ustedes. Hijos, les doy la bienvenida a estos tres días de oración en honor de la Santísima Trinidad con el mensaje **"El Espíritu Santo todo lo renueva"**. Acérquense a mí y escuchen mi lección de paz. Yo soy su Madre **la Rosa Mística**, María la Madre del Agonizante Jesucristo".

"El Espíritu de Dios renueva todo. La Tercera Persona de la Santísima Trinidad todo lo renueva. Hijos, déjenme llevarlos a la memoria del pasado. Cuando el hombre cayó de la gracia de Dios, él perdió la gracia santificante. Esto significa que el Espíritu Santo se alejó de él. Todo en el mundo se corrompió y sufrió los dolores de la oscuridad y el pecado. Por miles de años el hombre se revolcó en la oscuridad. Pero cuando llegó la plenitud de los tiempos, Dios envió Su Espíritu al mundo para ungir y consagrar un tabernáculo para la llegada de Su único hijo engendrado. A través del Hijo, el Espíritu Santo renovó y salvó el mundo caído. La luz todavía esta encendida en el mundo para la paz y la salvación".

"Ustedes son los hijos e hijas de la Luz. A través del poder del Espíritu Santo, ustedes son creados, y así son instrumentos del

Espíritu Santo, el instrumento de renovación. El Espíritu lo renovará todo a través de ustedes".

"Hijos, ríndanse a la Luz del Espíritu Santo y adquieran todas las gracias necesarias para su triunfo y para la renovación del mundo. No permitan que la luz que hay en ustedes se vuelva oscuridad. No corrompan el **Templo de Dios** que son ustedes. No disgusten al Espíritu de Dios. Siempre y en todo lugar escuchen Su voz y obedezcan Su llamado. Sigan el plan de renovación que ha sido establecido para ustedes. Hijos, si ustedes siguen el plan de Dios que se les ha dado en esta devoción de la Preciosa Sangre de Mi Hijo, ustedes seguramente renovarán todo a través del poder de Dios."

"Yo soy su Reina que los llamó. Los amo a todos. Permanezcan en la Paz del Cielo".

Rosa Mística (Nuestra Madre Bendita, Reina del Cielo y de la Tierra) 13 de Julio 2007

Los Pastos y los Arboles Moribundos Sonreirán:

"Cuán feliz fue el desierto el día que recibió la primera lluvia del año. Abrió su boca y bebió hasta satisfacerse. Observen cómo estos pastos y árboles moribundos sonríen con el brillante rocío de la mañana. Oh, así es como el pueblo de Dios estará jubiloso y danzará en los días en que los rayos de la luz-dadora de vida brillará sobre ellos. Yo soy su amiga y servidora de Dios, Cecilia".

"El Espíritu de Dios fortalecerá el mundo caído. Vean, el viento está soplando, y nadie sabe su dirección. El Espíritu Santo de Dios ha llenado el Universo. Él está en el mundo caído. ¡Qué bendecidos son aquellos que están en unión con Dios! Ellos nunca estarán cansados. Amigos del Dios vivo, su victoria es por La Sangre del Cordero a través del Poder del Espíritu Santo. Quien camina en la luz está guiado por el Espíritu pero aquel que camina en la oscuridad está guiado por la naturaleza del pecado y la naturaleza da muerte. Sea amigo de Dios y permanezca en su amor, así el Espíritu de Dios permanecerá en ti y dirigirá tu vida. Aquel a quien el Espíritu de Dios dirige es siempre un hombre victorioso en esta edad oscura. Él ve caminos donde otros ven oscuridad. Su fortaleza es siempre renovada cuando otros están débiles. Su esperanza está segura cuando otros están sin esperanza. Permanezcan en el amor de Dios y tengan siempre Su paz".

"El mensaje que tengo para ustedes es: "Sean conducidos por Su Espíritu y tengan su fuerza siempre renovada." Que mi Jesús los mantenga siempre en Su Amor. Yo los dejo".
14 de Julio, 2007

ESPÍRITU SANTO, FUENTE DE VIDA

"Regocíjate Sión! Alégrense todos ustedes que han nacido del Espíritu, porque el Espíritu Santo es vida. Yo soy su Reina y su Madre María, Madre del Agonizante Jesucristo".

"Hijos, en este ultimo día de los tres días de oración, vengo a instruirlos en la lección del Espíritu Santo como la Fuente de Vida. Cuán bendecidos son los que son guiados por el Espíritu. Sus días brillarán siempre como sol mañanero. No verán oscuridad en sus caminos. ¡Cuán bendito es el templo en el que habita el Dios del Cielo! Como el Monte Sión, miles de santos Ángeles lo rodearán y defenderán. En ese templo, la gloria del Altísimo será revelada. Desde el Santuario de este templo la fuente de agua dadora de vida estará brotando por siempre. Oh, como un pequeño arroyo, se ha esparcido hacia un mar sin fin, para dar vida a las criaturas. Todo el que ha nacido del Espíritu es Espíritu, pero todo el que ha nacido de la carne es natural. El Espíritu da vida, pero la naturaleza es débil y está sujeta a la muerte".

"Hijos, sean llenos del Espíritu de Dios. Apártense de su antigua y pecadora forma de vida. Dejen que el Espíritu del Altísimo conduzca sus vidas; ustedes serán verdaderos hijos de mi Hijo y mi Dios, Jesucristo, su Agonizante Maestro".

"Si ustedes obedecen los mandamientos de Dios, Jesús los amará. Él los llenará con Su Espíritu, y ustedes serán una nueva criatura de amor divino. Porque el mandamiento es'" amor.

"Hijos, no se separen del amor de Cristo su Salvador. Si lo hacen,

El Espíritu de Vida se alejará de ustedes. Crezcan en el perfecto ejercicio del Amor Divino. Ustedes serán salvados".

"El Espíritu de Dios es Vida. A través del poder del Cordero de Dios y en la unidad del Espíritu Santo, la victoria es de ustedes. Yo rezo por la paz del Espíritu Santo en sus corazones, en sus familias, y hasta los confines de la tierra. Amén".

"Bernabé, repite conmigo: *'Ven Espíritu Santo, llena los corazones de los fieles y enciende en ellos el Fuego de Tu Amor. Envía Señor Tu Espíritu y todo será creado: Y renovarás la faz de la tierra.'* Y el Reino de Dios vendrá pronto. Amén. Adiós".
Nuestra Bendita Madre María del Agonizante Jesucristo.
15 de Julio, 2007.

APÉNDICE

Este apendice consiste en cuatro partes, como sigue:

I. *Novena de preparación hacia Pentecostés (incluyendo los himnos)*

II. *El "Programa de la Espera General para recibir los Dones del Espíritu Santo" que contiene el programa para la vigila de los "Tres Días de Espera" antes del Domingo de Pentecostés, es decir: para el jueves, viernes y sábado antes del Domingo de Pentecostés.*

III. *Las "Letanías del Santo Mandato" (que finaliza las "Oraciones de Intercesión"), debe ser rezada antes de comenzar la Misa de Vigilia de Pentecostés el sábado por la noche. También puede ser rezada en otro momento, según sea necesario para casos críticos que así lo ameriten.*

IV. *Una breve exposición sobre la Misa de Vigilia de Pentecostés del Sábado en la noche. Esta Misa de vigilia concluye la Novena y la vigilia de los "Tres Días de Espera" del Domingo de Pentecostés.*

I. ORACIONES DE LA NOVENA
(en preparación hacia Pentecostés)

Para empezar el viernes después de la solemnidad de la Ascensión y terminar el sábado antes de Pentecostés. Estas oraciones se rezan durante la vigilia de los "Tres días de Espera"; también pueden ser rezadas en cualquier época del año. (Nota: La solemnidad de la Ascensión se celebra el día Jueves. Sin embargo, hay países o diócesis que han trasladado la celebración de la Ascensión del Jueves para el Domingo siguiente; en tal caso, la Novena se comienza el Viernes antes de la Ascensión).

Esquema:
-   Himnos al Espíritu Santo
-   Coronilla de Renovación

- Letanías al Espíritu Santo
- Novena al Espíritu Santo (Dada por Santa Cecilia)
  (Para nueve días de cantos, reflexión y oración)
- Acto de Consagración al Espíritu Santo
- Oración para los Sietes Dones del Espíritu Santo

Para empezar la Novena, empiece diciendo:
En el Nombre del Padre, del Hijo y del Espíritu Santo. Amén.

HIMNOS AL ESPIRITU SANTO

*(Este himno de la Liturgia de las Horas ha sido extraido de las I
Visperas de la fiesta de Pentecostés)*

1. Ven, Creador, Espìritu amoroso.
   Ven y visita el alma que a ti clama.
   Y con tu soberana gracia inflama
   los pechos que creaste poderoso.

2. Tú que abogado fiel eres llamado,
   del Altìsimo don, perenne fuente
   de vida eterna, caridad ferviente,
   espiritual unciòn, fuego sagrado.

3. Tú te infundes al alma en siete dones,
   fiel promesa del Padre soberano.
   Tú eres el dedo de Su diestra mano,
   Tú nos dictas palabras y razones.

4. Ilustra con Tu luz nuestros sentidos;
   del corazòn ahuyenta la tibieza.
   Haznos vencer la corporal flaqueza,
   con Tu eterna virtud fortalecidos.

5. Por Ti, nuestro enemigo desterrado,
   gocemos de paz santa duradera,
   y, siendo nuestro guìa en la carrera,
   todo daño evitemos y pecado.

6. Por Ti al eterno Padre conozcamos,
   y al Hijo, soberano omnipotente,
   y a Ti, Espìritu, de ambos procedente,
   con viva fe y amor siempre creamos. Amén.

7. Toda la Gloria sea al Padre
   en la unidad con Su Hijo y
   Contigo, gran Paráclito.
   Por los siglos de los siglos. Amén.

Nota: *Se pueden cantar otros himnos al Espiritu Santo.*

ESPIRITU SANTO VEN

Espíritu Santo, ven, ven,
Espíritu Santo, ven, ven,
Espíritu Santo, ven, ven
en el nombre del Señor.

Acompáñame, ilumíname,
toma mi vida.
Acompáñame, ilumíname,
¡Espíritu Santo, ven!

Santifícame, transfórmame,
Tú cada día.
Santifícame, transfórmame,
¡Espíritu Santo, ven!

Resucítame, conviérteme,
todos los días.
Glorifícame, renuévame,
¡Espíritu Santo, ven!

Acompáñame, transfórmame,
toma mi vida.
Ilumíname, condúceme,
¡Espíritu Santo ven!

ESPIRITU DE DIOS

**/Espíritu de Dios,
llena mi vida,
llena mi alma,
llena mi ser./ (bis)**

/ Lléname, lléname,
con tu presencia, lléname,
lléname con tu poder, lléname,
lléname con tu bondad./ (bis)

VEN, VEN, VEN

/ Ven, ven, ven. Espíritu Divino,
ven, ven, ven, acércate a mí./ (bis)
/ Apodérate, apodérate,
apodérate de todo mi ser./ (bis)

/ Aquí se siente la presencia de Dios./ (bis)
/ Siento el fuego del Espíritu Santo./ (bis)
Siento gozo, siento paz,
siento el amor que Dios me da.
/ Aquí se siente la presencia de Dios./ (bis)

CORONILLA DE RENOVACION

(Para ser recitada en las cuentas regulares del Rosario).

Oración al Espíritu Santo
Ven, Espíritu Santo, llena los corazones de tus fieles, y enciende en ellos el fuego de Tu amor. Envía Tu Espíritu, Señor, y todo será creado. Y renovarás la faz de la tierra.

L: Oremos.

Oh Dios, que instruíste los corazones de tus fieles con la luz del Espíritu Santo, concédenos que animados y guiados por este mismo Espíritu, aprendamos a obrar rectamente siempre, y gocemos de la dulzura del Bien y de Sus divinos consuelos. Por Cristo Nuestro Señor. Amén

Credo de los Apóstoles (Sobre el crucifijo)...
Padre Nuestro y Ave María (en la primera cuenta)...
Gloria (en las 3 cuentas)...
Canto
Oh Santísima Trinidad, Padre, Hijo y Espíritu Santo,
santificado sea Tu Nombre; Venga Tu Reino y
hágase Tu voluntad en la tierra, como en el cielo.

PRIMER MISTERIO:
EL PLAN DEL ETERNO PADRE PARA REDIMIR AL MUNDO ENVIANDO A SU HIJO UNIGÉNITO
(Pausa y Meditación)

Una voz gritó desde el Trono del Altísimo diciendo, "¿A quién enviaré, quién irá a redimir al mundo y les llevará a ellos Mi Reino?" A falta de una respuesta, Jesús, el Verbo Eterno dijo, "Aquí estoy Yo, envíame a Mi Padre".

Oración: Oh Dios, por los méritos de este misterio, hazme un instrumento de salvación y renovación para el mundo. Amén.

Padre Nuestro... Ave María...
L: Ven Espíritu Santo, ven a mi corazón y llena los corazones de los fieles.
R: Y renueva la faz de la tierra. (diez veces)
Gloria...
Canto
Oh Santísima Trinidad, Padre, Hijo y Espíritu Santo,
santificado sea Tu Nombre; Venga Tu Reino y
hágase Tu voluntad en la tierra, como en el cielo.

SEGUNDO MISTERIO:
UNA PEQUEÑA NIÑA LLAMADA MARÍA FUE ESCOGIDA PARA SER LA HIJA DE DIOS PADRE, MADRE DE DIOS HIJO Y ESPOSA DE DIOS ESPÍRITU SANTO.
(Pausa y Meditación)

Dios envió Su Ángel a una pequeña niña llamada María en el pueblo de Nazaret de Galilea, para anunciar el nacimiento de Su Hijo unigénito. Al saludo del Ángel, el Espíritu Santo descendió sobre ella, y ella concibió por obra y gracia del Espíritu Santo. Al final, ella dio a luz al Redentor del mundo.

Oración: Oh Dios, por los méritos de este misterio, concédeme la gracia de la pureza y la humildad, para que por la humildad yo aplaste la cabeza de Satanás y por la pureza mi alma pueda ser Tu tabernáculo. Amén.

Padre Nuestro... Ave María...
L: Ven Espíritu Santo, ven a mi corazón y llena los corazones de los fieles.
R: Y renueva la faz de la tierra. (diez veces)
Gloria...
Canto
Oh Santísima Trinidad, Padre, Hijo y Espíritu Santo,
santificado sea Tu Nombre; Venga Tu Reino y
hágase Tu voluntad en la tierra, como en el cielo.

TERCER MISTERIO:
DIOS REVELA SU HIJO AL MUNDO
(Pausa y Meditación)

Cuando llegó el tiempo, Dios reveló su Hijo al mundo. Primero en su Bautismo en el río Jordán cuando Dios dijo: "Este es Mi Hijo, el Amado; éste es Mi Elegido" (Mateo 3, 17). Y nuevamente, durante la Transfiguración en el Monte Tabor cuando agregó: "Escúchenlo" (Mateo 17, 5).

Oración: Oh Dios, por los méritos de este misterio, concédeme la gracia de ser como Tú me creaste, de tal manera que haga las cosas para las que Tú me creaste. Amén.

Padre Nuestro... Ave María...
L: Ven Espíritu Santo, ven a mi corazón y llena los corazones de los fieles.
R: Y renueva la faz de la tierra. (diez veces)
Gloria...
Canto
Oh Santísima Trinidad, Padre, Hijo y Espíritu Santo,
santificado sea Tu Nombre; Venga Tu Reino y
hágase Tu voluntad en la tierra, como en el cielo.

CUARTO MISTERIO:
JESÚS PROCLAMA EL REINO DE DIOS EN LA TIERRA
(Pausa y Meditación)

Cuando llegó el tiempo apropiado, después de ayunar y de ser tentado por el diablo, Jesús fue a las ciudades del mundo y proclamó el Reino de Dios diciendo: "¡Arrepiéntanse! El Reino de Dios está cerca". Pasó haciendo el bien y llamando a los pecadores a regresar a Dios.

Oración: Oh Dios, por los méritos de este misterio, concédeme la gracia de proclamar Tu Reino en la tierra con palabras y acciones, para que así Tu Reino llegue pronto a los confines de la tierra. Amén.

Padre Nuestro... Ave María...
L: Ven Espíritu Santo, ven a mi corazón y llena los corazones de los fieles.
R: Y renueva la faz de la tierra. (diez veces)
Gloria...
Canto
Oh Santísima Trinidad, Padre, Hijo y Espíritu Santo,
santificado sea Tu Nombre; Venga Tu Reino y
hágase Tu voluntad en la tierra, como en el cielo.

QUINTO MISTERIO:
EL TRIUNFO EN LA CRUZ
(Pausa y Meditación)

Así como el hombre fue vencido en el árbol; el hombre será redimido en el árbol; para que el árbol que ocasionó la caída del hombre sea el árbol de la resurrección del hombre". Y Él vino a Su pueblo, pero Su pueblo no lo recibió, más bien, lo arrastraron hasta la montaña llamada Gólgota en donde lo clavaron en la Cruz. En esa Cruz, Cristo anunció su triunfo diciendo: "Todo está cumplido" (Juan 19, 30).

Oración: Oh Dios, por los méritos de este misterio, fortalece la fe de Tus pequeños en la tierra. Que ellos puedan unirse a Tu Iglesia para vencer al Dragón Rojo para la manifestación de Tu Glorioso Reino. Amén.

Padre Nuestro... Ave María...
L: Ven Espíritu Santo, ven a mi corazón y llena los corazones de los fieles.
R: Y renueva la faz de la tierra. (diez veces)
Gloria...
Canto
Oh Santísima Trinidad, Padre, Hijo y Espíritu Santo,
santificado sea Tu Nombre; Venga Tu Reino y
hágase Tu voluntad en la tierra, como en el cielo.
(3 veces)

DIOS TE SALVE REINA...

Dios te salve Reina y Madre de Misericordia, vida y dulzura y esperanza nuestra; Dios te salve. A Ti clamamos los desterrados hijos de Eva; a Ti suspiramos, gimiendo y llorando en este valle de lágrimas. Ea, pues, Señora, Abogada nuestra, vuelve a nosotros esos Tus ojos misericordiosos; y después de este destierro, muéstranos a Jesús, fruto bendito de Tu vientre. !Oh clemente, oh piadosa, oh siempre dulce Virgen María!

L: Ruega por nosotros Santa Madre de Dios,

R: Para que seamos dignos de alcanzar las promesas de Cristo. Amén.

Oremos: Oh Señor Consolador, Don celestial, Amor del Padre y del Hijo. Ven a mi Corazón con el fuego del Amor y purifica los corazones de los fieles. Siembra en nosotros Tus siete dones y deja que el rocío de Tu gracia santificante nutra nuestras almas para cosechar abundantemente Tus Preciosos Frutos en nosotros. ¡Oh poderoso Consolador! Te lo pedimos por Cristo Nuestro Señor. Amén.

LETANÍAS DEL ESPIRITU SANTO

Señor, ten piedad de nosotros	*Señor, ten piedad de nosotros*
Cristo, ten piedad de nosotros	*Cristo, ten piedad de nosotros*
Señor, ten piedad de nosotros	*Señor, ten piedad de nosotros*
Padre, Todopoderoso	*Ten piedad de nosotros*
Jesús, Hijo Eterno del Padre y Redentor del mundo	*Sálvanos*
Espíritu del Padre y del Hijo, vida infinita de ambos	
	Santifícanos
Santísima Trinidad	*Escúchanos*
Espíritu Santo, que procedes del Padre y del Hijo,	
	Entra en nuestros corazones
Promesa de Dios Padre	*Ten piedad de nosotros*
Rayo de Luz Celestial	*Ten piedad de nosotros*
Autor de todo lo bueno	*Ten piedad de nosotros*
Fuente de agua celestial	*Ten piedad de nosotros*
Fuego consumidor	*Ten piedad de nosotros*
Caridad Ardiente	*Ten piedad de nosotros*

Unción Espiritual	*Ten piedad de nosotros*
Espíritu de Amor y de Verdad	*Ten piedad de nosotros*
Espíritu de Sabiduría y de Entendimiento	*Ten piedad de nosotros*
Espíritu de Consejo y de Fortaleza	*Ten piedad de nosotros*
Espíritu de Ciencia y de Piedad	*Ten piedad de nosotros*
Espíritu de temor de Dios	*Ten piedad de nosotros*
Espíritu de Gracia y de oración	*Ten piedad de nosotros*
Espíritu de Paz y de Mansedumbre	*Ten piedad de nosotros*
Espíritu de Modestia y de Inocencia	*Ten piedad de nosotros*
Espíritu Santo Consolador	*Ten piedad de nosotros*
Espíritu Santo Santificador	*Ten piedad de nosotros*
Don de Dios Altísimo	*Ten piedad de nosotros*
Espíritu que llenas el universo	*Ten piedad de nosotros*
Espíritu de adopción de los hijos de Dios	*Ten piedad de nosotros*
Espíritu Santo	*Inspíranos horror al pecado.*
Espíritu Santo	*Ven y renueva la faz de la tierra.*
Espíritu Santo	*Derrama Tu luz en nuestras almas.*
Espíritu Santo	*Graba Tu ley en nuestros corazones.*
Espíritu Santo	*Inflámanos con la llama de Tu Amor.*
Espíritu Santo	*Enséñanos a orar bien.*
Espíritu Santo	*Ilumínanos con tus celestiales inspiraciones.*
Espíritu Santo	*Inspíranos en la práctica del bien.*
Espíritu Santo	*Concédenos el mérito de todas las virtudes.*
Espíritu Santo	*Haznos perseverar en la justicia.*
Espíritu Santo	*Sé Tú nuestra recompensa Eterna.*

Cordero de Dios que quitas el pecado del mundo,
Envíanos Tu Santo Espíritu.
Cordero de Dios que quitas el pecado del mundo,
Derrama en nuestras almas el don del Espíritu Santo
Cordero de Dios que quitas el pecado del mundo,
Concédenos el Espíritu de Sabiduría y de Pureza.

L: Ven Espíritu Santo y llena los corazones de Tus fieles.
R: Y enciende en ellos el fuego de Tu Amor.

Oremos:
Concédenos, Oh Padre Misericordioso, que Tu Espíritu Divino pueda iluminarnos, inflamarnos y purificarnos; que Él pueda penetrarnos con Su rocío celestial y nos haga fructíficar en buenas

obras, por medio de Jesucristo nuestro Señor, Tu Hijo, que Contigo vive y reina en unidad con el mismo Espíritu por los siglos de los siglos. Amén.

NOVENA AL ESPÍRITU SANTO
Dada por Santa Cecilia para ser cantada, meditada y rezada
(Lea la introducción y la cita(s) de cada día y medite en ellas siguiendo con las oraciones para cada día).

PRIMER DÍA
¡Espíritu Santo! ¡Señor de Luz!
¡Danos, desde tu clara altura celestial,
Tu puro radiante esplendor!

EL ESPÍRITU SANTO
Sólo una cosa es importante: la salvación eterna. Por lo tanto, sólo una cosa hay que temer: el pecado. El pecado es el resultado de la ignorancia, debilidad e indiferencia. El Espíritu Santo es el Espíritu de Luz, de Fortaleza y de Amor. Con sus siete dones ilumina la mente, fortalece la voluntad e inflama el corazón con el amor a Dios. Para asegurarnos la salvación debemos invocar al Espíritu Divino diariamente, porque *"el Espíritu viene en ayuda de nuestra flaqueza. Pues nosotros no sabemos cómo pedir para orar como conviene; mas el Espíritu mismo intercede por nosotros"* (Rom 8, 26).

Léase: Hechos 1, 6-8 y Juan 14, 15-25

Oración:
Omnipotente y eterno Dios, que has condescendido para regenerarnos con el agua y el Espíritu Santo, y nos has dado el perdón de todos los pecados, permite enviar del Cielo sobre nosotros los siete dones de Tu Espíritu, el Espíritu de Sabiduría y de Entendimiento, el Espíritu de Consejo y de Fortaleza, el Espíritu de Conocimiento y de Piedad, y llénanos con el Espíritu del Santo Temor de Dios. Amén.

Padre Nuestro… Ave María… *(Una vez)*
Gloria… (Siete veces)

Acto de Consagración al Espíritu Santo... *(página 144)*
Oración para obtener los Siete Dones del Espíritu Santo...
(página 145)

SEGUNDO DÍA

¡Ven, Padre de los pobres!
¡Ven, con tesoros que perduran!
¡Ven, Luz de todo lo que vive!

DON DE TEMOR DE DIOS

El **don del Santo Temor** de Dios nos llena con un soberano respeto
por Dios y nos hace que a nada temamos más que a ofenderlo por
el pecado. Es un temor que se eleva, no desde el pensamiento
del infierno, sino del sentimiento de reverencia y filial sumisión
a nuestro Padre Celestial. Es el temor el principio de la sabiduría,
que nos aparta de los placeres mundanos que podrían de algún
modo separarnos de Dios. *"Los que temen al Señor tienen corazón
dispuesto, y en su presencia se humillan"* (Ecl 2, 17).

Léase: Filipenses 2, 12-18

Oración:
¡Ven, Oh bendito Espíritu de Santo Temor de Dios, penetra en lo
más íntimo de mi corazón, que te tenga, mi Señor y mi Dios, ante
mi rostro para siempre, ayúdame a huir de todas las cosas que te
puedan ofender y hazme digno ante los ojos puros de Tu Divina
Majestad en el Cielo, donde vives y reinas en unidad de la siempre
Bendita Trinidad, Dios, por los siglos de los siglos. Amén.

Padre Nuestro... Ave María... *(Una vez)*
Gloria... (siete veces)
Acta de Consagración al Espíritu Santo... *(página 144)*
Oración para obtener los Siete Dones del Espíritu Santo...
(página 145)

TERCER DÍA
Tú, de todos los consoladores el mejor,
al visitar el corazón turbado,
concede la gracia de la placentera paz.

DON DE PIEDAD

El **don de Piedad** suscita en nuestros corazones un filial afecto por Dios como nuestro amorosísimo Padre. Nos inspira, por amor a Él, a amar y respetar a las personas y cosas a Él consagradas, así como a aquellos que están revestidos con Su autoridad, Su Santísima Madre y los Santos, la Iglesia y Su Cabeza visible, nuestros padres y superiores, nuestro país y sus gobernantes. Quien está lleno del don de Piedad no encuentra la práctica de la religión como deber pesado sino como deleitante servicio. Donde hay amor no hay labor.

Léase: Romanos 6, 1-14

Oración:
Ven, Oh Bendito Espíritu de Piedad, toma posesión de mi corazón. Enciende dentro de mí tal amor por Dios que encuentre satisfacción sólo en su servicio, y por amor a Él me someta amorosamente a toda legítima autoridad. Amén.

Padre Nuestro… Ave María… *(Una vez)*
Gloria… (siete veces)
Acta de Consagración al Espíritu Santo… *(página 144)*
Oración para obtener los Siete Dones del Espíritu Santo…
(página 145)

CUARTO DÍA
Tú, en la fatiga dulce alivio,
refresco placentero en el calor,
solaz en medio de la miseria.

DON DE FORTALEZA

Por **el Don de la Fortaleza** el alma es fortalecida ante el miedo natural y sostenida hasta el final en el desempeño de su deber. La fortaleza le imparte a la voluntad un impulso y energía que la mueve a llevar a cabo, sin dudarlo, las tareas más arduas, a enfrentar los peligros, a estar por encima del respeto humano, y a soportar sin quejarse el lento martirio de la tribulación aún de toda una vida. *"El que persevere hasta el fin, ese se salvará"(Mt 24, 13).*

Léase: Hechos de los Apóstoles 7, 51-60

Oración:
Ven, Oh Bendito Espíritu de Fortaleza, levanta mi alma en tiempo de turbación y adversidad, sostén mis esfuerzos de santidad, fortalece mi debilidad, dame valor contra todos los asaltos de mis enemigos, que nunca sea yo confundido ni me separe de Ti, Oh mi Dios y mi máximo Bien. Amén
Padre Nuestro… Ave María… *(Una vez)*
Gloria… (siete veces)
Acta de Consagración al Espíritu Santo… *(página 144)*
Oración para obtener los Siete Dones del Espíritu Santo…
(página 145)

QUINTO DÍA
¡Luz inmortal! ¡Luz Divina!
¡Visita estos corazones tuyos
y llena nuestro más íntimo ser!

DON DE CONOCIMIENTO

El Don de Conocimiento permite al alma darle a las cosas creadas su verdadero valor en relación con Dios. El conocimiento desenmascara la simulación de las criaturas, revela su vacuidad y hace notar sus verdaderos propósitos como instrumentos al servicio de Dios. Nos muestra el amoroso cuidado de Dios aún en la adversidad y nos lleva a glorificarlo en cada circunstancia de la vida. Guiados por Su luz damos prioridad a las cosas que deben tenerla y apreciamos la amistad de Dios por encima de todo. *"El conocimiento es fuente de vida para aquel que lo posee"* (Prov 16, 22).

Léase: 1 Corintios 12, 1-11

Oración:
Ven, Oh Bendito Espíritu de Conocimiento y concédeme que pueda percibir la Voluntad del Padre. Muéstrame la nada de las cosas terrenales, para que pueda darme cuenta de su vanidad y que las use únicamente para Tu gloria y mi propia salvación, mirándote a Ti y a los premios eternos siempre por encima de ellas.Amèn.

Padre Nuestro... Ave María... *(Una vez)*
Gloria... (7 veces)
Acta de Consagración al Espíritu Santo... *(página 144)*
Oración para obtener los Siete Dones del Espíritu Santo...
  (página 145)

SEXTO DÍA
Si Tú apartas Tu gracia,
nada puro permanecerá en el hombre,
todo lo que es bueno se volverá malo.

DON DE ENTENDIMIENTO

El Entendimiento, como **Don del Espíritu Santo**, nos ayuda a comprender el significado de las verdades de nuestra santa religión. Por la fe las conocemos, pero por el Entendimiento aprendemos a apreciarlas y a apetecerlas. Nos permite penetrar en el profundo significado de las verdades reveladas y, a través de ellas, develar lo novedoso de la vida. Nuestra fe deja de ser estéril e inactiva e inspira un modo de vida que da elocuente testimonio de la fe que hay en nosotros. Comenzamos a *"caminar dignos de Dios complaciéndolo en todas las cosas y creciendo en Su conocimiento"*.

Léase: 1 de Corintios: 14, 1-25

Oración:
Ven Oh Espíritu de Entendimiento e ilumina nuestras mentes para que podamos conocer y creer en todos los misterios de la

salvación y que al final podamos merecer contemplar la eterna luz en Tu luz, y en la luz de la gloria, podamos tener una clara visión de Ti y del Padre y del Hijo. Amén.

Padre Nuestro... Ave María... *(Una vez)*
Gloria... (7 veces)
Acta de Consagración al Espíritu Santo... *(página 144)*
Oración para obtener los Siete Dones del Espíritu Santo...
    (página 145)

SÉPTIMO DÍA
Sana nuestras heridas, renueva nuestra fuerza.
En nuestra aridez derrama Tu rocío.
Lava las manchas de la culpa.

DON DE CONSEJO
El don de Consejo dota al alma de prudencia sobrenatural, permitiéndole juzgar con prontitud y acertadamente lo que se debe hacer, especialmente en circunstancias difíciles. El Consejo aplica los principios dados por el Conocimiento y el Entendimiento a los innumerables casos concretos que confrontamos en el curso de nuestras obligaciones diarias, como padres, docentes, servidores públicos y ciudadanos cristianos. El Consejo es sentido común sobrenatural, un tesoro invalorable en el tema de la salvación. *"Y por encima de todo esto, suplica al Altísimo para que enderece tu camino en la verdad"* (Ecl 37, 15).

Léase: Judas 17, 23

Oración:
Ven, Oh Espíritu de Consejo, ayúdame y guíame en todos mis caminos, para que pueda hacer siempre Tu Santa Voluntad. Inclina mi Corazón a aquello que es bueno, aléjalo de todo lo que es malo y guíame por el sendero recto de Tus Mandamientos hacia la meta de la vida eterna que anhelo. Amén.

Padre Nuestro... Ave María... *(Una vez)*
Gloria... (7 veces)

Acta de Consagración al Espíritu Santo… *(página 144)*
Oración para obtener los Siete Dones del Espíritu Santo…
   (página 145)

OCTAVO DÍA
Doblega la voluntad y el corazón obstinado,
funde lo que está helado, calienta lo que está frío.
Guía los pasos que se han desviado!

DON DE SABIDURÍA

Refiriendonos a todos los otros dones, así como la caridad abarca todas las otras virtudes, así la Sabiduría es el más perfecto de los dones. De la Sabiduría está escrito: *"todo lo bueno vino a mi con Ella e innumerables riquezas me llegaron a través de sus manos".* Es el don de Sabiduría el que fortalece nuestra fe, fortifica la esperanza, perfecciona la caridad y promueve la práctica de la virtud en el más alto grado. La Sabiduría inclina la mente para discernir y apreciar las cosas de Dios, ante las cuales los gozos de la tierra pierden su sabor, a la vez que la Cruz de Cristo produce una dulzura divina, de acuerdo a las palabras del Salvador: *"Toma tu cruz y sígueme, porque Mi yugo es suave y Mi carga ligera".*

Léase: Santiago 3, 13-18

Oración:
Ven, Oh Espíritu de Sabiduría y revela a mi alma los misterios de las cosas celestiales, su enorme grandeza, poder y belleza. Enséñame a amarlas por encima y más allá de todos los gozos pasajeros y de las satisfacciones de la tierra. Ayúdame a conseguirlas y a poseerlas para siempre. Amén.

Padre Nuestro… Ave María… *(Una vez)*
Gloria… (7 veces)
Acta de Consagración al Espíritu Santo… *(página 144)*
Oración para obtener los Siete Dones del Espíritu Santo…
   (página 145)

NOVENO DÍA

*Tú, en aquellos que siempre
te confiesan y te adoran,
en tus siete dones, desciende.*

*Dales consuelo en la muerte.
Dales vida Contigo en las alturas.
Dale los gozos que no tienen fin. Amén.*

FRUTOS DEL ESPÍRITU SANTO

Los dones del Espíritu Santo perfeccionan las virtudes sobrenaturales habilitándonos para practicarlas con mayor docilidad a la divina inspiración. A medida que crecemos en el conocimiento y en el amor de Dios, bajo la dirección del Espíritu Santo, nuestro servicio se vuelve más sincero y generoso y la práctica de las virtudes más perfecta. Tales actos de virtud dejan el corazón lleno de gozo y consuelo y son conocidos como **los frutos del Espíritu Santo**. Estos frutos, a su vez, hacen la práctica de las virtudes más atractiva y se convierten en un poderoso incentivo para hacer esfuerzos aún mayores en el servicio de Dios, para servir a Aquel que debe reinar.

Oración:

Ven, Oh Divino Espíritu, llena los corazones con Tus frutos celestiales: caridad, gozo, paz, paciencia, benignidad, bondad, fe, docilidad/mansedumbre, fidelidad, modestia, moderación, continencia, castidad y templanza, para que nunca me canse en el servicio a Dios, sino que por una continua sumisión fiel a Tus inspiraciones, pueda merecer estar unido eternamente Contigo en el amor del Padre, y del Hijo. Amén.

Padre Nuestro... Ave María... *(Una vez)*
Gloria... (7 veces)
Acta de Consagración al Espíritu Santo... *(página 144)*
Oración para obtener los Siete Dones del Espíritu Santo...
    (página 145)

ORACIÓN FINAL

Oh Espíritu Santo, dulce Huésped de mi alma, permanece en mí y concédeme que yo pueda siempre permanecer en Ti. Amén.

Bajo tu amparo nos acogemos, oh Santa Madre de Dios, no desprecies las súplicas que te dirigimos en nuestras necesidades, antes bien líbranos de todos los peligros, Oh Virgen siempre gloriosa y bendita. Amén.

En el Nombre del Padre, del Hijo y del Espíritu Santo. Amén.

ACTA DE CONSAGRACIÓN AL ESPÍRITU SANTO

De rodillas ante la gran multitud de los testigos celestiales, yo te ofrezco todo mi ser, mi alma y mi cuerpo, Eterno Espíritu de Dios. Yo adoro el brillo de Tu pureza, el inefable gemido de Tu justicia y el poder de Tu Amor. Tú eres la fortaleza y la luz de mi alma. En Ti yo vivo, me muevo y existo. Yo deseo no afligirte jamás con la infidelidad a la gracia y te suplico con todo mi corazón mantenerme alejado del más mínimo pecado contra Ti. Guarda misericordiosamente todos mis pensamientos y concédeme que pueda siempre mirar Tu luz, escuchar Tu Voz y seguir Tus inspiraciones de gracia. Yo me uno a Ti y me entrego a Ti. Te suplico, por Tu compasión, que me cuides en mi debilidad. Tomando los pies traspasados de Jesús, mirando Sus cinco Llagas, confiando en Su Preciosa Sangre, adorando Su Costado abierto y Su Corazón herido, yo te imploro, oh adorable Espíritu, Auxilio de mi debilidad, mantenerme en Tu gracia de tal manera que nunca más peque contra Ti. Concédeme la gracia, Oh Santo Espíritu, Espíritu del Padre y del Hijo, de decirte siempre y en todo lugar: "Habla Señor, que Tu siervo escucha". Amén.

(Para ser recitada diariamente durante la novena.)

ORACIÓN POR LOS SIETE DONES
DEL ESPÍRITU SANTO

Oh Señor Jesucristo, que antes de ascender al Cielo prometiste enviar al Espíritu Santo para completar Tu obra en las almas de Tus apóstoles y discípulos, dígnate concederme el mismo Santo Espíritu para que Él perfeccione en mi alma la obra de Tu gracia y de Tu amor. Concédeme el **Espíritu de Sabiduría** para que pueda despreciar las cosas perecederas de este mundo y aspirar únicamente las cosas eternas; **el Espíritu de Entendimiento** para que ilumine mi mente con la luz de Tu Divina Verdad; **el Espíritu de Consejo** para que pueda siempre elegir el camino seguro para agradar a Dios y ganar el Cielo; **el Espíritu de Fortaleza** para que pueda cargar mi cruz Contigo y pueda superar con coraje todos los obstáculos que se opongan a mi salvación; **el Espíritu de Conocimiento** para que pueda conocer a Dios y a mí mismo y crecer en la perfección de la ciencia de los Santos; **el Espíritu de Piedad** para que pueda encontrar el servicio a Dios dulce y amable; **el Espíritu de Temor** para que pueda estar lleno de reverencia amorosa hacia Dios y que tema en cualquier modo desagradarlo. Márcame, amado Señor, con la señal de Tus verdaderos discípulos y anímame en todas las cosas con Tu Espíritu. Amén.

(Para ser recitada diariamente durante la novena.)

II. PROGRAMA DE LA ESPERA GENERAL POR LOS DONES DEL ESPÍRITU SANTO
(Vigila de "Tres Días de Espera" antes del Domingo de Pentecostés).

JUEVES:

Se comienza con las Oraciones de la Hora de Getsemani desde las 11:00 PM hasta las 3:00 AM. La Hora de Getsemani deberá realizarse ante el Santísimo Sacramento en la iglesia donde los devotos se reunirá durante los "Tres Días de Espera". Si esto no fuera posible, en cualquier otra iglesia o en sus casas. (Las oraciones que deben rezarse durante la Hora de Getsemani se especifican en el capítulo llamado "La Hora de Getsemani" del libro de oraciones "Devoción a la Preciosísima Sangre de Nuestro Señor Jesucristo", en el cual se encuentran todas las oraciones).

VIERNES:

10 AM: Llegada.

10:00 AM – 10:30 AM: Oraciones de apertura e Himnos: "Acto de Consagración al Espíritu Santo" y "Oraciones por los Siete Dones del Espíritu Santo" (ambas en la página 139), seguido por un himno del Apéndice de este libro.

10:30 AM: Exposición del Santísimo Sacramento.

10:30 AM – 12 M: Lectura y meditación de la Introducción, "El Espíritu Santo" y luego, el Capítulo I, "El Espíritu Santo y los Dones" de este libro. Cuando se finalice, se comienza a leer y a meditar el Capitulo 12, "La Alegría del Reino Glorioso".

12:00 M - 12:30 PM: Descanso para almorzar.

12:30 PM- 2:00 PM: Rezo del Santo Rosario (sóolo un grupo de misterios), seguido por la Coronilla de la Preciosa Sangre, sus Letanías y la Consagración a la Sangre Preciosa, que se encuentra en el libro de oraciones *"Devoción a la Preciosísima Sangre de Nuestro Señor Jesucristo"*.

2:00 PM - 3:00 PM: Lectura y meditación del Capitulo II, "Intimidad con Dios", empezando con los mensajes de julio del 1 al 9, 2006 y luego el resto del Capitulo II en oración silenciosa.

3:00 PM - 5:00 PM: Oraciones de Consuelo y Adoración que se encuentran en el libro de oraciones *"Devocion a la Preciosísima Sangre de Nuestro Señor Jesucristo".*

5:00 PM - 5:30 PM: Lectura y meditación del Capitulo III, "Cuando el Paráclito venga".

5:30 PM - 6:00 PM: Breve Resumen e Himnos.

6 PM: El Ángelus seguido de oración Silenciosa.

6:30 PM - 8:00 PM: Descanso para Confesiones y Cena.

8:00 PM – 9:30 PM: Novena al Espíritu Santo- Dada por Santa Cecilia y que se encuentra en el Apéndice de éste libro. Canten, lean y recen lo que la santa nos ha dado para los nueve días de esta novena.

9:30 PM – 11 PM: La Santa Misa, seguida de oración silenciosa.

11:00 PM: Despedida.

SÁBADO:

5:00 AM - 7:00 AM: Levantarse, arreglarse y Oraciones de la Mañana.

7:00 AM - 8:00 AM: Misa de la Mañana.

8:00 AM - 8:30 AM: Desayuno.

8:30 AM - 9:00 AM: Santo Rosario.

9:00 AM - 10:00 AM: Lectura y Meditación del Capitulo XI, "Los Frutos del Espíritu Santo", desde la sección sobre el Amor y la Alegría hasta la sección sobre Longanimidad."

10:00 AM - 11:00 AM: Continuación de la Lectura y Meditación del Capítulo XII, "La alegría del Reino Glorioso de Paz".

11:00 AM - 11:30 AM: Himnos al Espíritu Santo/Adoración.

11:30 AM - 12:00 M: Almuerzo.

SIETE HORAS
ININTERRUMPIDAS DE ADORACIÓN

12:00 M: DON DE TEMOR (lectura y meditación
Capítulo IV)

1:00 PM: DON DE PIEDAD (lectura y meditación
Capítulo V)

2:00 PM: DON DE FORTALEZA (lectura y meditación
Capítulo VI)

3:00 PM: DON DE CONOCIMIENTO (lectura y meditación
Capítulo VII)

4:00 PM: DON DE ENTENDIMIENTO (lectura y meditación
Capítulo VIII)

5:00 PM: DON DE CONSEJO (lectura y meditación
Capítulo IX)

6:00 PM: DON DE SABIDURIA (lectura y meditación
Capítulo X)

7:00 PM: Descanso y cena.

7:30 PM: Lectura y Meditación del Capítulo XI, "Los Frutos del Espíritu Santo", desde la sección **Bondad y Benignidad** hasta el fin del capítulo).

La Novena y los "Tres Días de Espera" terminan con las siguientes oraciones previas a la celebración de la Santa Misa de Vigilia de Pentecostés en la noche del sábado:

8:00 PM: Procesión con velas encendidas.

8:30 PM: Coronilla de Renovación (en Apéndice).

9:00 PM: Letanía del Espíritu Santo (en Apéndice).

9:30 PM: Oraciones de "Intercesión por el Pueblo de Dios", como sigue:

ORACIONES DE INTERCESIÓN POR EL PUEBLO DE DIOS
"Bendición con Agua Bendita"

1. PARA QUE DIOS BENDIGA EL TRABAJO MANUAL DE SU PUEBLO:

Oremos a Dios para que bendiga el trabajo manual de Su pueblo. *(Todos se arrodillan en oración por un momento. Levantándose, el Sacerdote intercederá por el pueblo con la siguiente oración):*

Oremos:

Oh Dios, Creador del mundo, bendice el trabajo de Tu pueblo + que prosperen en su buen empeño + que se multiplique el fruto de sus manos + que sea abundante la cosecha de su trabajo + protégelos contra la peste y el hambre + concédeles la paz en sus días + En el Nombre del Padre + Y del Hijo + Y del Espíritu Santo. **Amén.**

2. POR EL DESEMPLEO, LA PROMOCIÓN, Y LA VOCACIÓN:

Oremos por los desempleados entre nosotros; por aquellos que están buscando un ascenso; y por los jóvenes para que encuentren su vocación. *(Todos se arrodillan en oración por un momento. Levantándose, el Sacerdote intercederá por el pueblo con la siguiente oración):*

Oremos:

Oh Dios de Amor y Consolador de los necesitados, consuela a Tu pueblo que no tiene trabajo en este mundo de luchas y concédeles trabajo;+ Inspira a los más favorecidos para crear oportunidades de trabajo + Que el pueblo que Tú creaste sea útil y fructífero + Promuévelos en sus duros trabajos + permite a los jóvenes encontrar su vocación + Y que Tu luz brille en sus días + en el Nombre del Padre + y del Hijo + y del Espíritu Santo. **Amén.**

3. POR EL FRUTO DEL VIENTRE Y POR LAS MUJERES EMBARAZADAS:

Oremos por aquellas que están buscando el fruto del vientre y por las mujeres embarazas entre nosotros. *(Todos se arrodillan en oración por un momento. Levantándose, el Sacerdote intercederá por el pueblo con la siguiente oración):*

Oremos:
Oh Dios, Dador de vida, el don de los hijos te pertenece a Ti. Por favor bendice todos los vientres de las mujeres aquí presentes que están pidiendo el fruto de su vientre con corazón puro + Adorna su vientre con el don de los hijos + que las mujeres embarazadas aquí presentes den a luz en paz y con el menor dolor + Que Tus santos Ángeles estén a su lado en sus meses de gestación y parto + Dios, sé Tú su defensor contra todos los enemigos + En el Nombre del Padre + y del Hijo + y del Espíritu Santo. **Amén.**

4. **POR LOS INCAPACITADOS ENTRE NOSOTROS:**
   Oremos por los incapacitados entre nosotros para que Dios tenga misericordia de ellos. *(Todos se arrodillan en oración por un momento. Levantándose, el Sacerdote intercederá por el pueblo con la siguiente oración):*

Oremos:
Oh, ¡Dios de misericordia y de compasión! Mira con piedad a Tu pueblo que está sufriendo y a los incapacitados + Devuélvele la vista a los ciegos + permite que los cojos caminen + Abre los oídos de los sordos + Suelta la lengua de los mudos y permíteles hablar + Restaura los sentidos a los enfermos mentales + Endereza las cinturas dobladas + y concede alegría a los corazones entristecidos + en el Nombre del Padre + y del Hijo + y del Espíritu Santo. **Amén.**

5. **POR AQUELLOS QUE SUFREN ENFERMEDADES SERIAS:**
   Oremos por aquellos que sufren enfermedades serias, tales como SIDA, cáncer, diabetes, leucemia, fatigas nerviosas/virales, alta presión sanguínea, desórdenes circulatorios y cardíacos, problemas de riñones, desórdenes de los huesos y las articulaciones, infecciones e inflamaciones del cuerpo, desórdenes de la mandíbula/boca/dientes, problemas en los pulmones, úlceras, problemas abdominales/intestinales, problemas en los pies/piernas y problemas ambulatorios,

quemaduras serias, convulsiones, y severos desórdenes y disfunciones mentales/emocionales/espirituales y de la personalidad, junto con todos aquellos que se sienten desesperados. *(Todos se arrodillan en oración por un momento. Levantándose, el Sacerdote intercederá por el pueblo con la siguiente oración):*

Oremos:

Oh Dios de perdón y de amor, perdona a Tu pueblo y perdona sus pecados + y permite que Tu misericordia descienda sobre ellos + sánalos de sus enfermedades y permite que sus bocas canten Tus alabanzas + Purifica su sangre, Oh Señor + sana las heridas de sus cuerpos, mentes, corazones y almas + restaura su salud + y llena su corazones con amor + en el Nombre del Padre + y del Hijo + y del Espíritu Santo. **Amén.**

6. **POR LAS FAMILIAS Y POR LA PAZ:**

Oremos por las familias, especialmente por las que están separadas y por las disfuncionales, que Dios las una de nuevo en el amor y por la paz del mundo. *(Todos se arrodillan en oración por un momento. Levantándose, el Sacerdote intercederá por el pueblo con la siguiente oración):*

Oremos:

Dios de unidad y de paz, une a las familias separadas + Trae a la madre y al padre de regreso con sus hijos + envuélvelos en Tu Amor Trinitario + dale a cada uno el Espíritu de Entendimiento + concédeles la sanación de sus memorias + incita un rápido perdón entre ellos + haz crecer fuertes lazos de fidelidad y amor entre ellos + y resuelve sus problemas presentes + en el Nombre del Padre + y del Hijo + y del Espíritu Santo. **Amén.**

7. **POR AQUELLOS POSEÍDOS POR EL ESPÍRITU DE LA OSCURIDAD:**

Oremos por aquellos que están bajo el cautiverio de los espíritus malignos para que Dios los libere. *(Todos se arrodillan en oración por un momento.* Luego, la gente se levanta y comienza a recitar junto con el Sacerdote la Letanía del Santo Mandato, que está impresa más adelante, luego del siguiente mensaje de explicación del Apostolado de la Preciosa Sangre de Jesucristo de Nigeria: *"Esta 'Letanía del Santo Mandato' fue dada por el Arcángel San Miguel a pedido de Jesús para concluir las oraciones de 'Intercesión por el pueblo de Dios' contenido en la 'Brisa del Segundo Pentecostés'. La 'Letanía del Santo Mandato' es para ser rezada antes de la Misa de Vigilia de Pentecostés el sábado en la noche, y como San Miguel ha manifestado, puede también ser usada en 'tiempos críticos' de gran necesidad".*

"Nuestro Señor Jesús ha manifestado que nosotros estamos ahora viviendo en tiempos de oscuridad; por esta razón Él nos ha dado esta oración para utilizarla en estos tiempos, a fin de vencer el mal en nuestras familias, en nuestra Iglesia y en el mundo. Nosotros confiamos que esta 'Letanía del Santo Mandato' sirva también para vencer el terrorismo en todo el mundo. A través del Derramamiento del Espíritu Santo y con la ayuda de San Miguel y su 'Letania del Santo Mandato', Nuestra Señora y Nuestro Señor alcanzarán Su Victoria. El reino de los Corazones Unidos será una realidad en la tierra durante el próximo Reino Glorioso de Paz, antes de la llegada de Jesús en Persona... Y con la 'Letania del Santo Mandato' y todas las oraciones de la Sangre Preciosa, tendremos también la protección que necesitamos contra el anti-cristo".

"El Apostolado de Nigeria advierte que la 'Letanía del Santo Mandato' es para ser usada específicamente por Obispos y Sacerdotes (incluyendo Sacerdotes-Exorcistas) que estén en estado de gracia santificante y que deben siempre tratar de permanecer en ese estado de gracia. Los demonios no temen a las almas que están en estado de pecado. Por lo tanto, aquellos que recen esta oración de San Miguel deben estar en estado de gracia santificante para evitar peores consecuencias de los demonios, que pueden regresar para crear más estragos en quienes no están en estado de gracia santificante".

"Permaneciendo en el estado de gracia, nosotros podemos regocijarnos en estas palabras de aliento de San Miguel como sigue: 'Yo vengo para darte la 'Letanía del Santo Mandato', que ustedes tienen como católicos, pero que muchos no conocen. Es por esto, que ustedes imitan las prácticas protestantes e insultan los Santos Nombres y los Seres Celestiales. Hombre mortal, tú tienes la Santa Misa, la más grande oración en la Tierra. Tú tienes tu Rosario, la Coronilla de la Preciosa Sangre, y todas las oraciones devocionales *de la Iglesia. Estas son las grandes oraciones que tienen poder sobre las huestes de demonios. Con estas oraciones, tu autoridad como hijo de Dios y esta 'Letanía del Santo Mandato', un hijo mortificado de Dios expulsará cualquier tipo de demonio de cualquier nivel'. Por lo tanto, nuestro fiel pueblo laico que esté en estado de gracia santificante, que ayuna, que usa agua bendita y que sostiene en alto el Agonizante Crucifijo, puede también rezar esta 'Letanía del Santo Mandato' en los más críticos casos de su vida diaria. San Miguel Arcángel nos ha dicho que seamos 'sabios' y reservemos esta 'Letanía del Santo Mandato' para los casos mas críticos. Él nos ha dado esta oración para estos tiempos a fin alcanzar la Victoria de Dios, del bien sobre el mal y apresurar el Reino Glorioso de Paz en la Tierra antes que Jesús venga").*

III. LETANÍA DEL SANTO MANDATO

L: Yo les ordeno, quienes quiera que sean, espíritus inmundos, malvados espíritus del infierno, a darle lugar al Espíritu Santo de Dios, a Quien le pertenece(n) este/estos Templo(s).

R: Libéranos (el/ella), Oh Señor, por el Poder de Tu Santo Nombre.

L: En el Nombre y por el Poder del Dios Verdadero, El Santo Dios, y el único Dios Viviente,

R: Libéranos (el/ella), Oh Señor, por el Poder de Tu Santo Nombre.

L: Yo les ordeno, en el Nombre de Nuestro Señor Jesucristo Salir de este/estos Templo(s) y regresar al abismo.

R: Libéranos (el/ella), Oh Señor, por el Poder de Tu Santo Nombre.

L: En el Nombre de la Preciosa Sangre del Cordero de Dios sin Mancha, yo les ordeno.

R: Libéranos (el/ella), Oh Señor, por el Poder de Tu Santo Nombre.

L: En el Nombre del Espíritu Santo, yo les ordeno.

R: Libéranos, (el/ella), Oh Señor, por el Poder de Tu Santo Nombre.

L: En el Nombre de Santa María, que aplastó tu cabeza, yo les ordeno.
R: Libéranos, (el/ella), Oh Señor, por el Poder de Tu Santo Nombre.

L: Su Inmaculada Concepción les ordena.
R: Libéranos, (el/ella), Oh Señor, por el Poder de Tu Santo Nombre.

L: Su Virginidad y Pureza les ordenan.
R: Libéranos, (el/ella), Oh Señor, por el Poder de Tu Santo Nombre.

L: Su Santa Obediencia, Paciencia, y Humildad les ordenan.
R: Libéranos, (el/ella), Oh Señor, por el Poder de Tu Santo Nombre.

L: Su Corazón, traspasado por espadas de dolores les ordena.
R: Libéranos, (el/ella), Oh Señor, por el Poder de Tu Santo Nombre.

L: Su Gloriosa Asunción les ordena.
R: Libéranos, (el/ella), Oh Señor, por el Poder de Tu Santo Nombre.

L: ¡Váyanse! espíritus infernales en el Nombre de María, Reina del Cielo y de la Tierra.
R: Libéranos, (el/ella), Oh Señor, por el Poder de Tu Santo Nombre.

L: En el Nombre de la Santa, Católica y Apostólica Iglesia, yo les ordeno.
R: Libéranos, (el/ella), Oh Señor, por el Poder de Tu Santo Nombre.

L: La Fe de Pedro y Pablo y de todos los Apóstoles les ordena.
R: Libéranos, (el/ella), Oh Señor, por el Poder de Tu Santo Nombre.

L: La Sangre de los Mártires les ordena.

R: Libéranos, (el/ella), Oh Señor, por el Poder de Tu Santo Nombre.

L: La pureza de las Vírgenes y de todos los Santos les ordena.

R: Libéranos, (el/ella), Oh Señor, por el Poder de Tu Santo Nombre.

L: ¡Váyanse! Ustedes, malvadas legiones, en el Nombre de la Santa Fe Católica.

R: Libéranos, (el/ella), Oh Señor, por el Poder de Tu Santo Nombre.

L: En el Nombre y por el Poder de Jesucristo Eucarístico presente en los Tabernáculos de todo el mundo, yo les ordeno.

R: Libéranos, (el/ella), Oh Señor, por el Poder de Tu Santo Nombre.

L: El Sagrado Cáliz que contiene la Preciosa Sangre de Jesucristo les ordena.

R: Libéranos, (el/ella), Oh Señor, por el Poder de Tu Santo Nombre.

L: La Sagrada Señal de la Cruz les ordena.

R: Libéranos, (el/ella), Oh Señor, por el Poder de Tu Santo Nombre.

L: Huye, tú desobediente, por los meritos de la Santas Llagas de Nuestro Señor Jesucristo.

R: Libéranos, (el/ella), Oh Señor, por el Poder de Tu Santo Nombre.

L: En el Nombre de Dios, Padre Todopoderoso y por la obediencia de Sus Ángeles yo les ordeno.

R: Libéranos, (el/ella), Oh Señor, por el Poder de Tu Santo Nombre.

L: Los Coros Celestiales de los Serafines y de los Querubines les ordenan.

R: Libéranos, (el/ella), Oh Señor, por el Poder de Tu Santo Nombre.

L: Los Coros Celestiales de los Tronos y de las Dominaciones les ordenan.

R: Libéranos, (el/ella), Oh Señor, por el Poder de Tu Santo Nombre.

L: Los Coros Celestiales de las Potestades y de las Virtudes les ordenan.

R: Libéranos, (el/ella), Oh Señor, por el Poder de Tu Santo Nombre.

L: El Coro Celestial de los Principados les ordena.

R: Libéranos, (el/ella), Oh Señor, por el Poder de Tu Santo Nombre.

L: El Coro Celestial de los Ángeles les ordena.

R: Libéranos, (el/ella), Oh Señor, por el Poder de Tu Santo Nombre.

L: El Coro Celestial de los Arcángeles les ordena.

R: Libéranos, (el/ella), Oh Señor, por el Poder de Tu Santo Nombre.

L: Oh Dios del Cielo y de la Tierra, Dios de los Ángeles y de los Arcángeles, ¿Quién como Tú? Yo te imploro que reprendas a estos malvados espíritus por el Poder de Tu Santo Nombre.

R: Libéranos, (el/ella), Oh Señor, por el Poder de Tu Santo Nombre.

L: Jesús, Hijo de la Siempre Virgen, yo adoro la Sangre de Tu Circuncisión, y te suplico que nos liberes por Tu Preciosa Sangre.

R: Libéranos por Tu Preciosa Sangre.

L: Jesús, Hijo único de Dios, por Tú Sudor de Sangre,

R: Libéranos por Tu Preciosa Sangre.

L: Jesús, Cordero del Sacrificio, por Tu Flagelación,
R: Libéranos por Tu Preciosa Sangre.

L: Jesús, coronado de Espinas,
R: Libéranos por Tu Preciosa Sangre.

L: Jesús, que cargaste la Cruz por nuestra salvación,
R: Libéranos por Tu Preciosa Sangre.

L: Jesús Crucificado,
R: Libéranos por Tu Preciosa Sangre.

L: Jesús, traspasado en Tu Costado del que salió Sangre y Agua,
R: Libéranos por Tu Preciosa Sangre.

Todos juntos: Jesús, te suplico, ¡sálvanos! Amén.

L: **Oremos:**
Oh Dios, libera a Tus hijos que están poseídos por los poderes de la oscuridad + en el Nombre del Padre + y del Hijo + y del Espíritu Santo. Amén.

ORACION FINAL (Antes del himno de culminación):
L: Preciosísima Sangre de Jesucristo.
R: Sálvanos a nosotros y al mundo entero. Amén.

HIMNO DE CULMINACIÓN AL ESPÍRITU SANTO, ROCIANDO AL PUEBLO CON AGUA BENDITA...
(ver Apéndice para el himno)...
Despedida, si no hay sacerdote presente para la Misa de Vigilia; de lo contrario, continuar con la Misa de Vigilia de Pentecostés.

IV. INFORMACIÓN SOBRE LA MISA DE VIGILIA DE PENTECOSTES

(Que concluye la Novena y la vigilia de los "Tres Días de Espera")

LA SANTA MISA, (cuando hay un Sacerdote presente), concluye la vigilia de los "Tres Días de Espera" para el domingo de Pentecostés y también, concluye la novena de los nueve días desde el día después de la Ascensión hasta el Domingo de Pentecostés. La Santa Misa puede comenzar a las 11:00 p.m. de la noche del sábado y continuar hasta la medianoche o incluso hasta más tarde, pues las horas son flexibles. La Misa comienza con el rocío del Agua Bendita por parte del Sacerdote sobre los presentes. Después de la Misa, es la "Quema de las peticiones" en los países donde aseguren la privacidad de las peticiones, es decir, que los ojos humanos no vean las peticiones que fueron recogidas más temprano durante la novena. Seguido de la "Quema de las Peticiones", habrá un "Tiempo de Testimonio" para que las personas se levanten y compartan sus experiencias significativas, milagrosas y maravillosas. Luego, se debe realizar la acción de gracias y dar los comunicados necesarios. Terminando con una bendición final y un Himno de clausura. Después del Himno de clausura y justo antes de salir, todos deben decir juntos la oración final: **"Preciosísima Sangre de Jesucristo, sálvanos a nosotros y al mundo entero".**

Despedida – Gozo y fraternidad en el Espíritu Santo – Limpieza.

EL SIGUIENTE MENSAJE PUEDE SER LEÍDO DESPUÉS DE LA MISA DE VIGILA EN LA NOCHE DEL SÁBADO O EL DOMINGO DE PENTECOSTÉS, O EN CUALQUIER OTRO MOMENTO.

Mensaje recibido por Bernabé Nwoye el 24 de Junio, 2002 a las 11:30 p.m.; Lugar: Mi Altar de Reparación, Awka.

"En mi oración durante esta hora, tuve la visión de Nuestro Señor colgado vivo en la Cruz, sangrando. Esta visión permaneció por algún tiempo, pero ninguna palabra fue dicha. Al final, una nube bajó y cubrió todo el lugar. En la nube aparecieron San Antonio de Padua y San Miguel Arcángel. Mientras miraba, San Antonio dijo:

'Regocíjate, amigo mío, porque tienes una Madre que te cuida. Ella es la Mujer que aplastó la cabeza de Satanás. Ella conquistó al mundo y a la Antigua serpiente por Su **Humildad** y Su **Pureza**. Amigo del Dios Vivo, la **humildad** y la **pureza** son los dos secretos de Su Victoria. Oh Su **humildad** que la hizo perdonar fácilmente. El verdadero perdón aterroriza al reino de la oscuridad'.

'Oh Su **humildad** que la hizo abajarse y vivir de la forma más sencilla. La Santa Simplicidad atormenta a la Bestia'.

'Oh, Su **humildad** que la hizo cargar la Cruz. En la Cruz está la Victoria. Oh Su **humildad** que la hizo ser modesta y prudente. Por la modestia y la prudencia satanas es avergonzado'.

'¿Oh, qué decir de Su **pureza**, que irradia fuego que atormenta a satanas? Oh Su **pureza**, que la hizo ser amable; la amabilidad produce el fuego de la pureza. Oh Su **pureza** que la hizo ser buena. La bondad produce el fuego de la pureza. Oh Su **pureza**, que la hizo ser casta; la castidad produce el fuego de la pureza. Oh Su **pureza**, que la hizo amar mucho; el amor produce el fuego de la pureza'.

'Pequeño amigo de Dios, aprende de Ella. Imita Su **pureza** y **humildad**. No hay arma más grande que estas, **la humildad y la pureza**. Ella triunfó con ellas; tú también triunfarás con ellas. Te estamos dando estas enseñanzas que yo llamo La **Teología de la Verdadera Libertad**, porque estás viviendo en los días de aflicción. La oscuridad ha llenado el mundo. La Fe se está extinguiendo de la faz de la Tierra, y las falsas enseñanzas y los falsos milagros están engañando a los hijos de Dios. Estás en los días de la apostasía'.

'Mira a María la Madre de Jesucristo y Madre nuestra. ¡Imítala! Ella es la luz del mundo en estos días de oscuridad. Ella es la esperanza de la Verdadera Libertad. Yo soy Antonio de Padua. Lo poco que se te ha dado es lo que quiere Nuestra Reina. Prepárate para el mes de Julio; mucho se te dará.'

"Con estas palabras, Miguel dijo, 'Gracias, mi amigo'".

"Ellos se despidieron y desaparecieron en la nube".

INFORMACIÓN DE CONTACTO

Estados Unidos de Norteamérica
Precious Blood Apostolate/USA
(Headquarters for the Americas in Houston, Texas)
Mrs. Aurora Protomartir
P.O. Box 281
Alief, Texas 77411-0281 U.S.A.
Telephone: (281) 933-8226
Email: preciousbloodofjcusa@yahoo.com

Kentucky/USA – Sacramentales de la Devoción
Mrs. Kathy Thomas
St. Ann's Religious Articles Store
218 Jim Veatch Rd.
Morganfield, Kentucky 42437 – USA
Teléfono: 1-800-626-7004 or (270) 389-4281
Fax: 270-389-3581
Email: feedt@bellsouth.net
Website: www.morganfield.net/sara

Reino Unido
Ms. Kathy Kelly – Precious Blood Devotion
Padre Pio Bookshop
264 Vauxhall Bridge Road
Victoria, London SW1 V1 BB
U.K.
Teléfono: (código Int'l de acceso) 44-207-834-5363

Australia y Nueva Zelanda
Mr. Georg Graf (Coordinator)
P.O. Box 6140, Coffs Harbour
NSW 2450
Australia
Email: preciousbloodaus@hotkey.net.au

Singapur
Ms. Cecilia Hon
9 Greenmead Ave.
Hillcrest Park
Singapore 289402
Republic of Singapore
Teléfono: (Int'l access code) 65-6466-4365
Email: monyeo_888@yahoo.com.sg

México
Luz Cecilia Alvarez Gonzalez
Telefono: 00 52 + 55 + 529-461 48
Celular: 00 52 + 1 + 55 + 299 440 04
Celular (desde Mexico): 044 + 55 + 299 440 04
Correo Electronico: cecialvarez@yahoo.com.mx

Venezuela
Para llamadas internacionales debe marcar 00 58 y el número.
Coordinadora de Información:
Ana R. Malave de Aguilera (Celular: 416 8811 878)
Coordinadora General:
María Isabel Díaz (Celular: 424 84450 24)
Guía Sacerdotal: Padre Antonio Valladares (Ciudad Bolivar)
Correo Electrónico: sangrepreciosa.venezuela@hotmail.com

Colombia
Sr. Guillermo Leon Gutierrez Urrea
Bucaramanga, Santander
Teléfonos: 00 57 + 310 + 3355183
00 57 + 315 + 6136614
Correos Electronicos: guillermoleon74@yahoo.es
mision.pastoral@gmail.com

Panamá
Maria Isabel Harrington
Panama, Republic of Panama
Teléfono: 213-2131 / 394-2890
Correo Electronico: miharr42@hotmail.com

Canadá
Ms. Theresa Bell
Email: sitio@rogers.com

India
Mr. Godfrey Pereira
Email: gem6212@rediffmail.com

Filipinas
Ms. Liberty Flores
Manila, Philippines
Teléfono: 011-632-734-2269

El Salvador
Sra. Milta Rapalo
Sra. Ana Cecilia Rapalo
Telefono: (503) 2207-3627 y (503) 2207-3628
Correo Electronico: desarrollodemercadeo@hotmail.com

Curacao
Sra. Maria Jose Da Silva
Telefono: 59 99 747 9836
Correo Electronico: mjluzcamino@hotmail.com